HR职场成长记系列

王光伟　著



# HR招聘主管成长记

## 人力资源招聘、面试与甄选实务

每个HR心中都有一个总监梦

《HR新人成长记》进阶版

有故事、有实操、有感悟，一本书搞定HR招聘管理

我深信，唯有系统化的设计，才能提升招聘效率。——周小易

东北财经大学出版社
Dongbei University of Finance & Economics Press
大连

**图书在版编目(CIP)数据**

HR招聘主管成长记：人力资源招聘、面试与甄选实务 / 王光伟著. —大连：东北财经大学出版社，2016.3（2017.1重印）
（HR职场成长记系列）
ISBN 978－7－5654－2188－4

Ⅰ. H…　Ⅱ. 王…　Ⅲ. 人才-招聘　Ⅳ. C913.2

中国版本图书馆CIP数据核字(2015)第314592号

东北财经大学出版社出版
(大连市黑石礁尖山街217号　邮政编码　116025)
教学支持：（0411）84710309
营 销 部：（0411）84710711
总 编 室：（0411）84710523
网　　址：http：//www.dufep.cn
读者信箱：dufep@dufe.edu.cn

大连美跃彩色印刷有限公司印刷　　东北财经大学出版社发行

幅面尺寸：170mm×240mm　字数：181千字　印张：11.75　插页：1

2016年3月第1版　　2017年1月第2次印刷

责任编辑：孙　平　　责任校对：刘　洋
封面设计：冀贵收　　版式设计：钟福建

定价：28.00元

我是周小易

一个平凡的女生

愿和你分享职场成长的迷茫和收获

谈不上什么职场达人

却是真真切切的实操

加油

你我相伴

有梦

就有未来

# 主要人物关系图

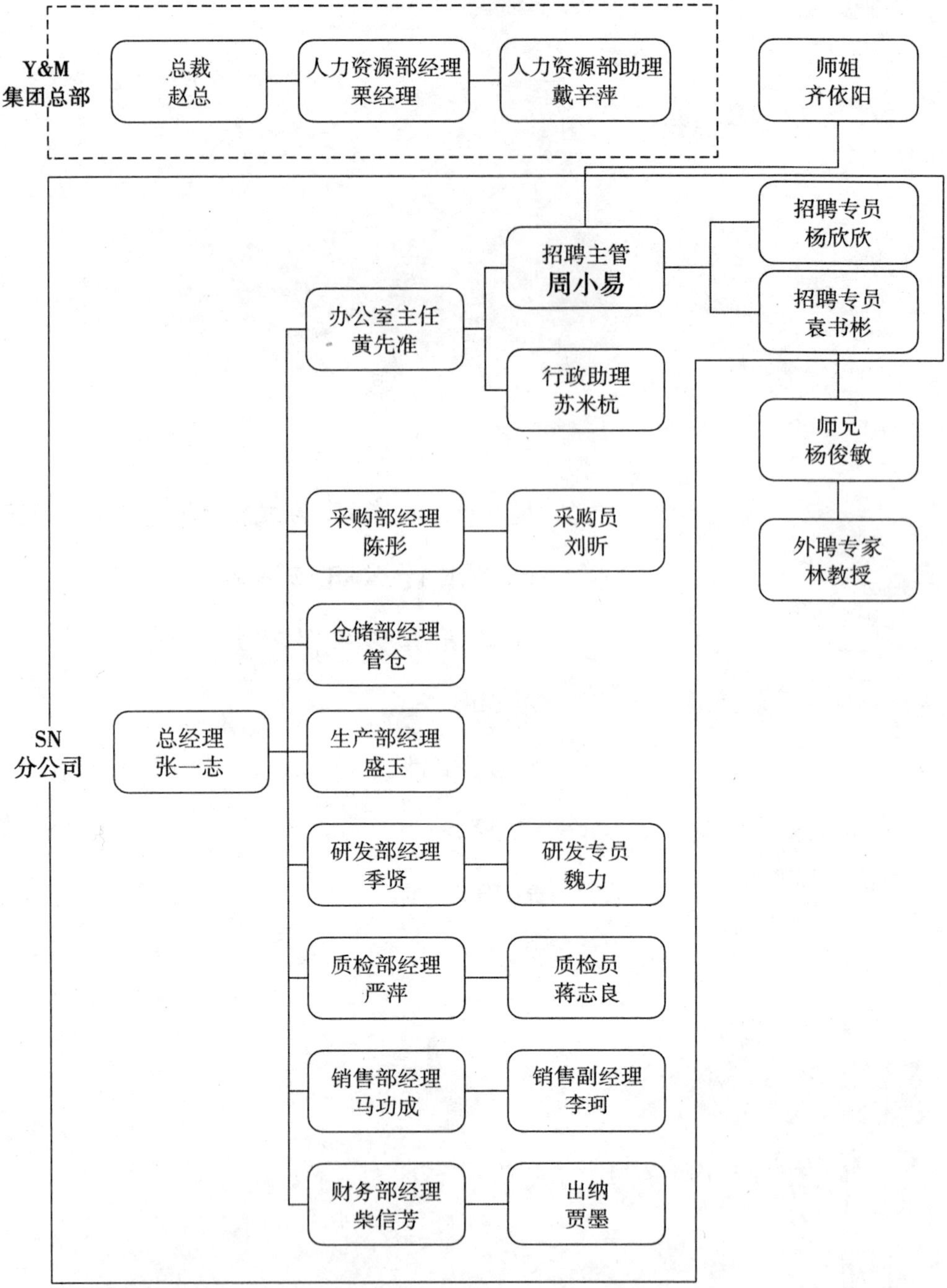
Y&M
集团总部
总裁
赵总
人力资源部经理
栗经理
人力资源部助理
戴辛萍
师姐
齐依阳
招聘主管
周小易
招聘专员
杨欣欣
招聘专员
袁书彬
办公室主任
黄先准
行政助理
苏米杭
师兄
杨俊敏
外聘专家
林教授
采购部经理
陈彤
采购员
刘昕
仓储部经理
管仓
SN
分公司
总经理
张一志
生产部经理
盛玉
研发部经理
季贤
研发专员
魏力
质检部经理
严萍
质检员
蒋志良
销售部经理
马功成
销售副经理
李珂
财务部经理
柴信芳
出纳
贾墨

# 序

## 系统化提升招聘效率

**如何能招到人；**

**如何能招到最合适的人；**

**如何总能招到最合适的人。**

这是所有招聘管理者最关心的三个问题。换句话说，谁如果能不被这三个问题所困扰了，那么，也就成了最有效率的招聘管理者了。关键是，这三个问题并不容易回答，尤其是对刚刚进入招聘领域的管理者来说，更是如此。

提起有效率地招聘，很多人第一时间会想到拓宽招聘渠道、提升面试技巧等等，然而，当你将精力集中于解决这些问题时，就会发现虽然这个问题解决了，但下一个问题又来了，最后，整体的招聘效率并没有提升。这就如同本书中的周小易一样，尽管最初有人给了她提示，但还是受困于眼前的问题而不能自拔，被一个又一个问题推着向前走，直到最后才发现：招聘问题，可以更有效率地解决。

招聘，和人力资源管理其他模块一样，都是人力资源管理体系的一部分，同时，也是整个企业运营系统的一部分。如果撇开整个人力资源管理体系或企业运营来考虑招聘，就会因为过分的狭隘或片面而难以获得令人满意的答案，整个招聘工作的效率也难以提升。“不识庐山真面目，只缘身在此山中。”当你跳出招聘，从整个企业的角度、从整个人力资源管理体系的角度去看它，可能就会得出不一样的结论，毕竟，这是一个系统。

系统的问题，必然离不开系统化思考。其实，系统化思考，也是本书一直倡导的思维模式。周小易为了解决招聘问题，所采用的各种方法和技巧，实质上都没有脱离开篇所涉及的三个基本问题，而这三个问题又毫无例外地从属于系统化提升招聘效率这一问题。换句话说，系统化提升招聘效率，就是驱动整个故事发展的主线。

作为新任招聘主管，周小易也许是“幸运的”，她遇到了很多能够帮助她，并愿意帮助她的同事、同学和朋友。正因如此，她在招聘领域或许会少走一些弯路，她可能会比其他招聘管理者更早地关注招聘系统化的问题。不过，在诸多偶然或幸运的背后，还有其必然因素，诸如她从不满足于现状，不断地试图改进和改善HR工作，不断地寻求最有效率地处理问题的方法等。当然，在这些改进与改善工作中，失误或失败也是不可避免的，不过，这也是成长的一部分。有时候，失败的价值要比成功更大。

当然，一个有效率的招聘管理者也未必能做到随时招到人，毕竟，这与外部环境、内部条件等诸多因素相关。

新任招聘主管周小易的故事，刚刚开始，而且还在继续……

# 目录

时间、成本、质量都是设计甄选程序、选择甄选技术时必须考虑的。诚然，任何一套甄选技术都可能发挥某些积极的作用，但是，还要综合考察其负面效果以及企业的现实条件与需要。







改变，一点一点地在发生。周小易清楚，只靠在笔试试卷上的些许改变不足以大幅提升甄选工作的质量。要想让用人部门感受到自己所做的努力，必须引入一些其他的甄选技术才行。嗯！最好还是先选择比较容易操作的。

任何招聘技巧或方法都无法从根本上解决招聘难题，但如果能够建立科学、完善的招聘系统，那么，你的招聘工作效率倍翻将不是梦。

# 第1章

# 新任主管，新的烦恼

从专员到主管的转变，最重要的是，思考问题角度的变化。需要学会从一个点，想到一条线、一个平面，直至一个立体图形……

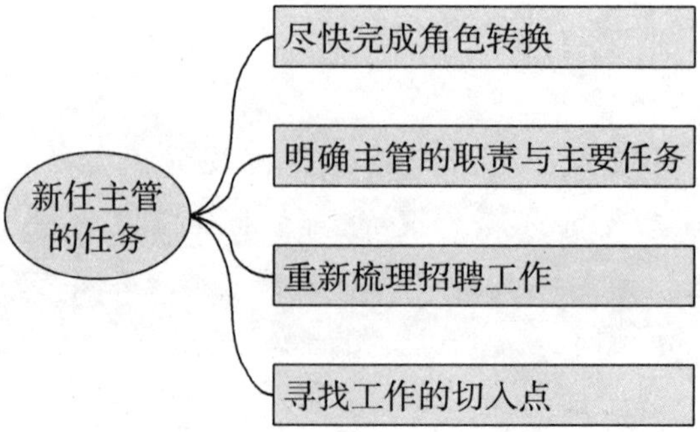
新任主管的任务
尽快完成角色转换
明确主管的职责与主要任务
重新梳理招聘工作
寻找工作的切入点

## 001 新任主管的喜与忧

**人的心理总是特别奇怪。当一件东西不属于你时，你可以看得很开，觉得有没有都无所谓；一旦这件东西属于你了，也许你就不会看得那么开了，因为你根本不想再失去它。这个招聘主管的职位之于周小易，就是如此。**

跟随潮流，是一个褒义词；跟风，则是标准的贬义词。如果用来形容企业战略的话，跟随战略，有些时候也不失为一个明智的选择。尽管很多企业、很多专家不屑于这种战略，但它确实造就了一批后起之秀，SN公司便是其中一家。短短一年的时间，SN公司从无到有，借助太阳能产业的东风，迅速崛起……

随着公司规模的扩大，人员招聘的任务量也逐渐加重。虽然人力资源部门的人手也增加了，而且苏米杭也不时地提供一些帮助，但周小易还是经常感到力不从心。为此，周小易又一次来到人力资源部经理兼办公室主任黄先准的办公室。

“黄主任，不能再这样下去了，我都快支持不住了。”见面后，周小易直接向黄主任抱怨道。

“呵呵！我都清楚。你先看看这份文件。”黄主任递给周小易一份SN公司下发的任职通知。

“什么？我被任命为公司招聘主管了。”周小易觉得有些突然。

“不错。我向张总反映了咱们公司未来招聘工作的难度。张总和公司几位副总交换意见后，做出了这个决定。”

“可是，我行吗？”周小易有些犹豫地说。

“当然没问题了。现在咱们公司发展速度很快，正是用人之际，你要勇于承担起这份责任。以后招聘这块儿我就交给你了。另外，集团人力资源部可能还要派两个新毕业的大学生给你当助手。”

“好吧！我就试试。如果出了什么问题，黄主任，可得做我的后盾啊！”

“没问题。如果遇到什么困难可以随时来找我。”

人的心理总是特别奇怪。当一件东西不属于你时，你可以看得很开，觉得有没有都无所谓；一旦这件东西属于你了，可能你就不再看得那么开了，因为你根本不想再失去它。这个招聘主管的职位之于周小易，就是如此。

回到自己办公室后，周小易马上上网搜索了一下招聘主管的工作说明书，想了解一下招聘主管的职责都有哪些。对于具体的招聘业务，周小易已经非常熟悉了，可是，当招聘和主管连到一起时，肯定工作内容跟以前不一样了。至少周小易是这样认为的。但是，当她搜了一通后，还是有些失望了。网上能够搜索到的招聘主管职责，其实和自己以前的工作相差无几。

这时，一阵手机铃声打断了她的思绪。

“师姐啊！是不是来我的地盘了？”一看是师姐齐依阳的电话，周小易像抓住了救命稻草一般，张口就问道。

“呵呵！你能掐会算啊？我还真来你们M市了，晚上聚聚吧！”

“好啊。就在你上次来时我们见面的那家咖啡厅吧！”

“没问题。”

下班后，周小易赶紧收拾了一下，就来约好的咖啡厅见齐依阳了。两人选了个靠窗的座位坐下，几句简单的寒暄后，周小易便将自己被提升为招聘主管的事告诉给了齐依阳。

“恭喜啊。真不错，一年多的时间就升任主管了，前途光明啊！是不是咱们得去大吃一顿啊。”齐依阳由衷地为这个小师妹取得的进步感到高兴。

周小易可高兴不起来。“师姐，我都不知道该怎么当这个招聘主管，要是干不好怎么办啊？”周小易说出了心里的担忧。

“呵呵！担心干不好丢人，是吧？”

“嗯嗯！我就是想问问你，招聘主管该做些什么呀？我在网上查了好多，那些招聘主管的工作内容跟我以前干的都差不多。”

“招聘主管，与普通员工相比最大的区别在于，思考问题的方式和角度。以前招聘工作，只需将上级交办的任务办好即可；作为招聘主管，则需从全局着眼系统地看待你的工作。”

“哦？能具体点嘛？”

“具体说来，招聘主管的工作主要包括三个类别：第一，招聘体系的规划与设计；第二，招聘业务指导与工作分配；第三，招聘团队建设与管理（如图1-1所示）。”

“再讲细一点呗！”周小易清楚，齐依阳来一次不容易，而有些问题又不能拿到公司问领导，所以，必须把每一个细节都弄明白。

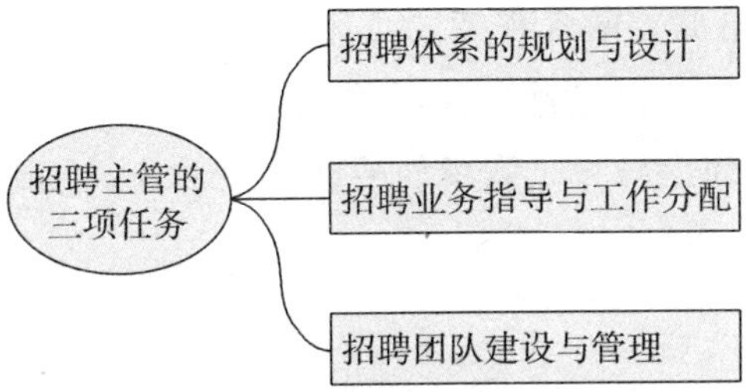


**图 1-1　招聘主管的三项任务**

“招聘体系规划与设计，包括招聘流程设计、招聘方法与渠道规划、面试与甄选技术开发等。招聘，作为人力资源体系的一个重要组成部分，与其他职能存在密切的关联，你需要理顺这些关系，弄清楚招聘在其中的位置以及起到的作用，”看着周小易想要继续追问，齐依阳做出了一个“打住”手势说，“千万不要问我具体该怎么做哦，这些事情太多，需要你慢慢摸索的。”

“好吧！‘招聘业务指导与工作分配’，这个我清楚，就是把上级派给我的活，再分派出去，有点像包工头啊！”

“呵呵！不错。你的目标是确保招聘业务按时、保质、保量地完成。基于这个目标，你需要对下属进行适当的指导，并对他们的工作质量进行监督和检查。很多时候，作为招聘主管，还要冲到招聘第一线。”

“了解。有一个问题，如果下属有问题向我求助，我也不知道该怎么办，会不会太丢脸啊？”

“谁也不是全才，谁都有不懂的问题。关键是，你可不能自以为是，不懂装懂哦，那样被人识破才叫丢人呢！作为主管，**你可以不知道答案，但是你必须知道如何才能找到答案。”**

“嗯，记住了。‘团队建设与管理’指的是什么啊？”

“现在你们团队几个人？”

“算上我一共三个。其实，那两个人我还没见过面呢。”

“团队建设与管理，就是要将你们三个人打造成一个集体，彼此信任且愿意合作。”

“哦，这个比较困难吧！也得看看那两个人怎么样再说吧！”

“不。如果你无法选择团队成员，就必须尝试将已有的成员打造成一个优秀的团队。”

“这个挺有难度的。”

“当然，你由普通员工向管理者的角色转变也需要一个过程。一边学习，一边积累经验，时间一长，自然就会管理了。”

“希望如此吧。”周小易看了看窗外熙熙攘攘的人群，她心里清楚，新的挑战正在等着她……

**小易管理感悟**

对于领导者而言，起用年轻人，是一种尝试。成功了，是一种眼光；效果不佳，仍旧是一种尝试。可对于被提拔者而言，则只能把事情做好，并且努力证明领导者的“英明正确”，否则，自己将无路可退。



## 002 四个层次重新解读招聘

**当我们所处的职位发生改变时，我们的思维也必须随之改变。这不仅是工作本身的要求，更是环境使然。虽然我们每天都希望自己学会全局意识、换位思考，但当我们身处士兵位置时，无论做什么事，还是会从士兵的角度出发，因为归根结底，我们还不是将军，只是个士兵。其实，如果有一天自己真的成为将军了，也就自然不会从士兵的角度思考问题了。这一切都是自然而然的。**

“嗨，想什么呢？走神了吧！”看着呆呆地望着窗外的周小易，齐依阳提醒道。

“呵呵！我不是在想招聘主管该干的那三项工作吗？”周小易答道。

“想明白了？”

“有点明白了。不过我还有一个疑问。招聘我也做了有一年了，就那么几项工作啊。如果都分配出去了，自己还干什么啊？”

“要是这样的话，要你这个招聘主管也就没用了。”

“可不是嘛。招聘，无外乎招聘计划制订、渠道选择、招聘组织与实施、简历筛选、面试、录用等等。”周小易滔滔不绝地将SN公司招聘工作的流程说了一遍。

“嗯，看来你招聘做得挺顺手的，”齐依阳说道，“但只做这些具体事务是不够的，你还要对整个招聘工作形成全面的、完整的认识。”

“哦，快说说你的高见！”

“个人看法，仅供参考啊！我觉得招聘可以从战略、文化、策略、执行等四个层面来解读。”为了能让周小易对招聘有个更全面、更清楚的了解，齐依阳故意放慢了语速。周小易生怕有所疏漏，赶紧拿出纸笔记录，并且还用一副图表标示了四个层面（如图1-2所示）。

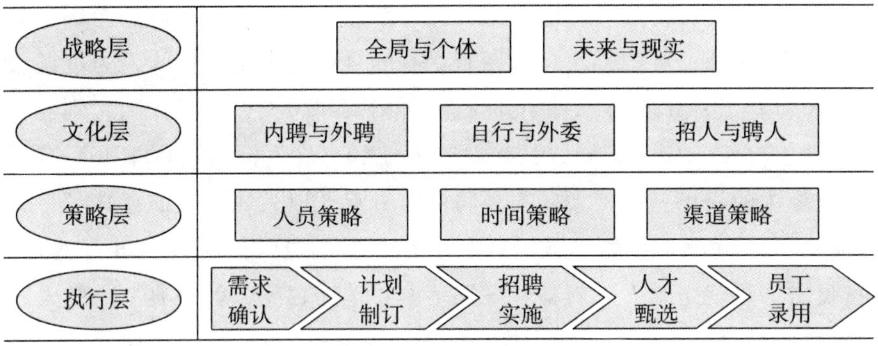


**图1-2　招聘的四层解读**

“‘执行层’我最熟悉，就是招聘的整个程序嘛，也是我目前主要做的工作。其他三个层次的内容，你详细说一下吧。”周小易请求道。

“好。咱们先来说说‘战略层’。战略层包含了企业招聘战略的两个基本着眼点，即招聘是面向全局还是个体、面向未来还是现在。”

“‘面向全局还是个体’，怎么讲？”周小易追问道。

“举个例子吧！假如你们公司要一个招聘专员，你要是只按照招聘专员的任职要求去招人，这就是面向个体；而如果你从公司整体着眼，就可能去招一个能够胜任人力资源部各个岗位工作的人。”

“哦，有点儿明白了。‘面向未来’，就应该是从企业未来对人才的需要着眼考虑人才招聘事宜了吧！”

“不错。很多企业从未来人才需求的角度出发，提前与学校进行联系、合

作，有的还与各大高校联合办学，让学生提前感受自己的企业文化，学习自己企业所需的技能。这样，既提升了这些未来员工的工作技能，又节约了培训费用和培训时间，还能使新员工快速适应企业环境。这才是，一箭三雕。”

“嗯，这种情况我也有所了解，这可能就是未来的一种趋势吧！”

“是啊。接着聊聊‘文化层’。招聘文化，简单来说就是企业招聘的一种偏好或者倾向。每个企业都有特定的倾向，就像华为，每年都会为应届毕业生开出很高的起薪，目的无非是获得优先挑选应届生的机会。当然，还起到了非常好的宣传效果。”

“是啊！你说，如果大公司都这么抢人才，我们这些小公司可怎么招到优秀的员工啊？”

“呵呵！适合的才是最好的。有什么样的庙，就请什么样的神。你就是招来个超一流的人才，也不一定能留住、能用好。”

“这话倒对。‘文化层’中前两项我能理解，有的企业比较喜欢内部招聘，有的则喜欢外部招聘；有的喜欢自行招聘，有的企业则喜欢外包给人力资源服务公司，”周小易看了看齐依阳，又接着问，“可招人和聘人，又有什么区别呢？”



“本质上，没有什么不同，只是对待人才的态度不同而已。招人，有点儿以企业自身为主的意思；而聘人，则是聘请，有点儿以人才为主的意味。”

“明白了。就像刘邦和刘备一样。刘邦当年就说，你若有本事，就来投我，我能富贵之。这就是招人。刘备‘三顾茅庐’请诸葛亮，就是典型的聘人。”

“不错。就是这个区别。”

“看来我今后也要注意一点儿啦！‘策略层’指的是招聘过程中所运用的策略吧！”

“是的。人员策略主要涉及两个方面：一是招聘团队的组建；二是招聘人员的素质要求。”

“招聘团队组建方面，除了我们人力资源部做招聘的，还要有其他人参加吗？”

“当然，还要尽量争取让用人部门派人参加招聘或面试工作，并且事先跟他们进行沟通、交流，确定各自在招聘工作中的责任范围，”齐依阳继续说道，“时间策略呢，一是要分清招聘的淡旺季，二是要做好招聘各阶段的时间分配。”

“大学生毕业的时间，就是旺季吧！”

“不错，还有每年的春节过后，也属于招聘旺季。”

“那‘招聘各阶段的时间分配’，又怎么讲呢？”

“一个招聘任务，从招聘信息发布、筛选应聘简历到面试、录用，最后到新员工报到，每个阶段都需要一定的时间，招聘人员应根据招聘岗位的具体情况合理计划每个阶段所需的时间，做好充分准备，打好提前量。”

“明白了！渠道策略，就是包括网络招聘、校园招聘、猎头招聘的那几个渠道呗！”

“正确。看来已经不用我再啰嗦了。”

“师姐，你说我能成为一个合格的招聘主管吗？”

“当然，不过你首先要弄清楚三个问题：如何能招到人；如何能招到最合适的人；如何总能招到最合适的人。”

“这又是什么意思啊？”周小易问道。

“呵呵，好好想想吧！我还有个饭局，先走了啊！”说完，齐依阳看了看表，赶紧收拾了一下起身要走。

“师姐，不是一起吃饭吗？还有，你还没告诉我答案呢？”

“我真的有事，这当是我留给你的作业吧。希望下次见面，你已经找到答案了。Bye！”

咖啡厅里，剩下周小易一个人了。她嘴里仍不停地念叨着三个问题：

**如何能招到人；**

**如何能招到最合适的人；**

**如何总能招到最合适的人。**

## 小易管理感悟

齐依阳对招聘所做的四个层面的解读，不仅可以作为进入招聘领域的指南，还可以作为切入其他领域的参考。

其实，很多工作都可以通过执行、策略、文化以及战略等四个维度来解读。

## 003 问题，并不容易回答

**有些问题，看似很难解答，实际却非常容易；有些问题，看似很容易回答，却可能需要你用一生去寻找答案。**

早晨，周小易提前来到办公室，给两位新同事准备好资料和文件后，开始继续琢磨齐依阳给自己丢下的三个问题。打开头一天的笔记本，这才发现，自己已经在这三个问题上画了不少的圈圈。在试图一次性解决三个问题无果后，她开始尝试各个击破。

第一个问题，“如何能招到人”。这个问题似乎并不难回答。用人部门提交招聘需求、领导批准经费，然后再选择合适的渠道进行招聘，应该就可以招到人了。对，三个问题中，这个最容易了。

“小易，早啊！”质检部的蒋志良从HR办公室门口经过时，跟周小易打招呼道。



“你也挺早啊。”

“我可不是来得早，我是还没回去呢！昨天生产车间连夜加班赶一批货，我们质检部陪着加班到现在。这不刚刚包装完，正等着往外运呢。”

“辛苦！辛苦！那赶紧回去休息吧！”

“嗯。对了，我们质检部提交的招聘申请有些日子了吧！怎么还招不上来啊？让我总这么加班可不是办法啊。”

“知道了。我这就抓紧给你们部门招。”说到这，周小易才想起来，质检部的招聘信息已经发布有一个多月了，投简历的倒是不少，但符合要求能筛出的简历不多，来参加面试的更是寥寥无几。

蒋志良走后，周小易又陷入了沉思。之前的招聘工作一直由她负责，她清楚得很，质检部的问题并不是独一的，还有好几个部门提出的招聘需求都没有得到满足。

到哪里去招人呢？周小易又将目光转回到齐依阳的那三个问题上。先前十分肯定的答案，又变得不确定了。按照自己给出的答案，用人部门给出了需求申请，自己也拓展了各种招聘渠道，经费也没有问题，可是，人却依然没有招上来。问题出在哪儿了？

“小易，我把你的兵给送来了。”集团人力资源部经理助理戴辛萍领着两个人走进了周小易的办公室。

“呵呵！真是及时雨啊！我正发愁人招不上来呢！”周小易连忙起身相迎。之前，集团人力资源部已经将这两个新人的简历发给了周小易。这两人都是应届本科毕业生，男的叫袁书彬，和自己一样，科班出身；女的叫杨欣欣，学的是广告设计。尽管没有明说，但是关于这两个人的入职，周小易心里还是有点儿疑问的。第一，SN公司虽是集团下属子公司，但一向拥有人事自主权，分公司需要人时，都是自主招聘的，而这两个人却是由集团分派的；第二，尽管招聘工作并不需要很多HR专业知识，但是学广告设计的做招聘还是让周小易有些不理解。不过，一年多的工作经验告诉她：许多看似明显不合常理的事情背后，必然存在某些特殊的利益瓜葛。也正因如此，周小易并没有提出任何异议。

几句简单的寒暄之后，周小易带着两位新人在各个办公室转了一圈，以便于他们熟悉环境，认识一下需要经常打交道的同事。回到办公室后，周小易将齐依阳的三个问题抛给了两位新人，希望能从他们那里拓宽一下思路。

“咱们公司现在发展很快，人手不够了，严重缺人，你们有没有什么好办法能够招到人啊？”周小易问。

“咱们公司招不到人吗？”两位新人对于主管提出的问题，有些不知所措。

“你们有没有听说过‘招聘难’呢？”

“‘招聘难’？我们一直觉得‘求职难’啊。来咱们公司，我可是一路PK掉二十几个人才入选的啊。”袁书彬自豪地接话道。

“是啊！我们专业找工作更难啊，要不怎么跑来做HR了。”杨欣欣附和道。

周小易这才发现，他们两位的角色还没有转换过来，继续谈下去恐怕也不会有什么效果了。不过，他们两个人的说法倒提醒了自己：一方面企业确实面临着“招聘难”；而另一方面“求职难”、“就业难”也是客观存在的。既然外部存在人员供给，那么，问题是否出现在内部呢？周小易试着重新分析了一下公司的招聘信息后，发现自己公司的招聘要求存在三个特点：

第一，专业要求高，即很多职位都要求有一定的电子电工基础或相关专业知识；

第二，学历要求高，连生产工人的学历要求都在高中或中专以上；

第三，经验要求高，很多管理职位都要求拥有太阳能电池企业工作经验。

周小易清楚，这些招聘要求是根据各用人部门提交的招聘需求表编写的，而招聘需求表都是经由张总批准后交给自己执行的。换句话说，如果要挑战或改变招聘要求，不仅仅是招聘需求重新确认的问题，还包括对招聘流程重新梳理，难

度可想而知。

可是，问题出在这里吗？周小易又上网搜了一下其他同类企业的招聘信息，发现内容都是大同小异。看来并不能将问题全部归结于此，其他企业用同一招聘要求能够招到人，这就说明自己公司的招聘信息对目标求职者的吸引力和覆盖面可能都要小于其他公司。看来，拓宽招聘渠道和增加招聘信息的吸引力，也是问题的答案之一。想到这里，周小易在工作日记上列出了几条“如何招到人”的解决方案：

**第一，重新梳理招聘流程；**

**第二，招聘需求的再确认；**

**第三，拓宽现有的招聘渠道；**

**第四，提升招聘信息的吸引力。**

这四条，到底是不是终极解决方案，周小易并没有把握，但此时，她也不急于向师姐齐依阳寻求标准答案。因为她知道，能否招到人，才是检验答案是否正确的唯一标准。



窗外，几辆装载着集装箱的卡车从厂区驶出。周小易清楚，仓库的货出清了，老总肯定又要催促加紧生产了。HR这边如果不能在短期内招到更多的人，他们非把自己“吃”了不可，更别说这屁股还没坐热的招聘主管的位子了。

### 小易管理感悟

招聘问题的解决方案无外乎两类：一是内部需求的确认，即避免合适的求职者被不合理的招聘要求排除；二是招聘信息的投放以及招聘渠道的拓宽，即让更多的求职者知晓企业的招聘信息。

当然，所有的解决方案需以企业薪酬水平不低于行业平均水平为基础。

## 004 事情，也可以这样办

**两点之间，最短的可能不是直线，而是曲线。职场中，为了达到预期的目的，各种变通是必不可少的。**

黄主任的办公室里。

周小易将自己想到的招聘解决方案向黄主任作了详细汇报。黄主任一边听着，一边不住地点头表示支持和赞赏。

“小易啊，先抛开你提的方案，我说说我的看法。”听完汇报后，黄主任觉得有必要鼓励一下这位下属。

“好的。”周小易很期待黄主任的评价。

“首先，让我感到非常欣慰的是，你能主动思考，并努力寻求解决方案，而不是被动工作；其次，你能够系统地思考这个招聘难题，而不是盲目工作，这一点也非常难得。”

“嗯。”

“不过，经验与变通能力还有待于提升。”

“呃，说到问题了。”

“有问题，说明你还有提升的空间嘛！其实，我觉得你提的几条措施都不错，只是执行起来难度可能会大点。像第一条：重新梳理招聘流程。你是怎么想的?”

“黄主任，我们公司目前的招聘流程其实比较混乱，大致是这样的：首先由用人部门提出需求，然后张总批准，最后我们人力资源部门负责招聘。很多时候，用人部门并没有提交申请单，只是告诉我们张总同意了，而当我们招到人后，用人部门要么说不合适，要么又说不需要了。这不仅占用了我们的时间和精力，还因为招聘需求不清或要求过高，导致招聘陷入困境，很难招到合适的人。”

“嗯，咱们公司招聘流程这方面是有些问题。那你打算怎么改呢?”

“我觉得，首先，必须明确所有招聘活动的起点是‘招聘需求申请表’，没有这个表单我们可以不予招聘；其次，‘招聘需求申请表’在张总审批前，应该经由我们招聘人员与用人部门共同确认人员需求。”

“具体该怎么做呢？”

“我觉得，应该先梳理一下招聘流程，尤其是招聘审批流程，然后再出台一系列的招聘制度，以保证流程的执行。”

“嗯！这样做的目标是什么呢？”

“让招聘更加规范，让招聘需求更加科学、合理，”周小易肯定地回答道，“当然，还有就是，减少我们在招聘上所做的无用功，减少不必要的招聘门槛，增加应聘人员的数量。”

“嗯！你的想法不错，可是在咱们这个还不规范的公司里做流程，恐怕不是很容易啊！而且，任何流程都不可能独自存在，还需要与其他流程做衔接，不可能因为你的招聘工作，让公司启动一次流程再造吧！”

“可是，现在的招聘流程确实不规范，而且还有很多问题啊！”

“问题，必须要解决，但解决的方法有很多种，我们可以选择最容易达成目标的那种嘛，不用大动干戈最好了。就以招聘流程为例，其实你只需重新设计一个‘招聘需求申请表’，好好规划一下各个部门和领导的审批顺序，不也是在梳理流程吗？”黄主任耐心地说道，“不过有一点我要提醒你，不管你如何梳理流程，用人部门可能也不会按照你的要求填写“招聘需求申请表”。”

“这又是为什么呢？”

“很简单，现在咱们公司连工作说明书都没有，只有一份几乎可以和所有公司通用的岗位职责，他们又怎么可能准确地列出所需岗位的招聘需求呢？”

“嗯！您的意思是，我就是重新设计“招聘需求申请表”也是徒劳吗？”

“能取得多大的效果，取决于你的努力了。”

通过和黄主任的交谈，周小易明白了几件事：第一，自己把工作想得过于简单了，没想到推一个流程都这么难；第二，一项制度或一项提议的优劣，不在于制度或提议本身，而在于能否行得通，其实，这也是很多企业将咨询公司给自己量身定制的方案束之高阁的原因所在。不过，黄主任毕竟给出了重新设计“招聘需求申请表”的建议，这也算是给自己的一点儿安慰吧！

## 小易管理感悟

流程表格化，对于一些管理尚不规范的企业，是一种非常有效的措施。一张设计优良的表格，可以完美兼容一套流程，还省去了设计流程所需的各种协调、沟通以及时间、精力。

不过，表格设计的学问还是很大的，要想用好这个工具，必须下一番大功夫才行。

# 第2章

# 招聘需求调查与分析

招聘难，尽管有其外界客观的因素，但是内部因素也是形成这一现象的重要原因。而在诸多内部因素中，招聘需求模糊、定位不清更是十分常见的问题。

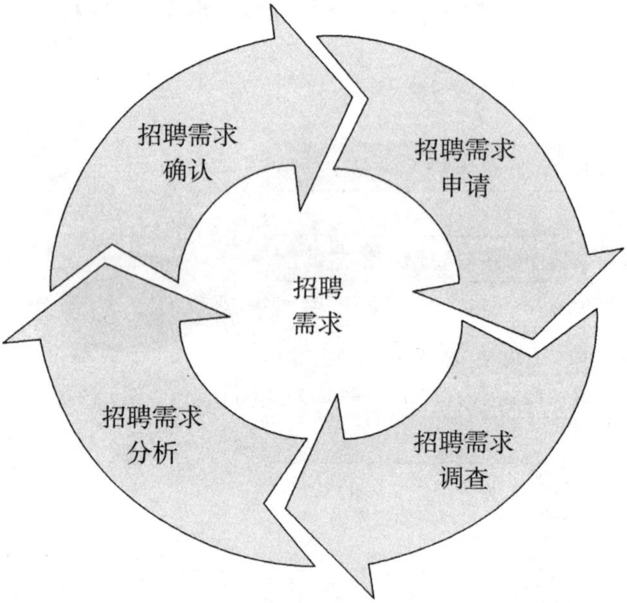
招聘需求
确认
招聘需求
申请
招聘
需求
招聘需求
分析
招聘需求
调查

## 001 一张表格背后的故事

**当一个人对环境感觉不爽时，会有三种反应：第一种，努力适应环境；第二种，选择换一种环境；第三种，努力改造、利用环境。成功者往往属于第三种人,即大成功者，改变大环境；小成功者，改变小环境。**

回到办公室，周小易让袁书彬和杨欣欣负责设计一份“招聘需求申请表”，并且提出了几项具体的要求。不大一会儿，这两个人就把做好的表格交了上来(如表2-1所示)。

表2-1 招聘需求申请表

| 申请部门 | | 需求岗位 | | 现有人数 | |
|---|---|---|---|---|---|
| 申请人 | | 岗位编制 | | 需求人数 | |
| 岗位层级 | | 直接上级 | | 下属人数 | |
| 申请原因 | | | | | |
| 招聘要求 | | | | | |
| 特殊说明 | | | | | |
| 招聘主管审核 | | | | | |
| 总经理审批 | | | | | |

“你们的这张表格是从网上下载的吧?”周小易对于这两位下属的敷衍有些不高兴。

“是啊，反正都差不多。我们也搜了很多表格，觉得这张表格还不错。”袁书彬不好意思地回答道，杨欣欣早已红着脸不说话了。

“我刚才不是提了几项要求吗？这张表格连用人部门负责人的签字都没有，要是招错了人，找谁啊?”

“对不起，周姐，可能是我们还没有清楚你的意图。”

“不清楚，可以问，不能随便拿个东西敷衍工作啊?”周小易明显感觉自己情绪有些失控，又压了压火说，“好了，你们别管了，我来吧!”

看到两个下属低着头回到座位上的失落样子，周小易想到以前自己没做好工作时，黄主任好像从来没有对自己发过火。也许自己确实还没有学会如何当主

管，也许是自己的压力过大，把情绪发泄给了两位下属，总之，周小易都有点儿讨厌刚才的自己了。

周小易平复了情绪后，又把两位下属叫到自己的办公桌前。

“我刚才情绪不太好，你们两位不要介意啊。”周小易带着歉意地说。

“周姐，是我们没把工作做好。”

“现在我再把这张表格的设计要点讲解一下，你们两个人一会儿重新设计。”

“好的。”

**“表格设计的第一个要求：目的唯一性，即一张表格只解决一个问题。**这一点你们做得还比较好，无论从哪个方面看，这张表格的项目和标题都是切合的。”

“原来还有点儿可取之处。”两个下属的脸色稍稍缓和了一点儿。

**“表格设计的第二个要求：精简。**不需要或没用的项目不要设计。表格上的栏目肯定是我们需要收集的信息。比如你们提交的表格中的‘岗位编制’一项。在完成定岗定编的企业里，这肯定是必填项，问题是我们公司还没有启动相关工作，这个项目现在就是多余的，而且用人部门也无从填写；至于‘岗位层级’、‘直接上级’、‘下属人数’也没必要，毕竟我们不是在做工作说明书。”

“嗯！记住了。”

**“表格设计的第三个要求：细致。**为了确定尽可能多的细节，我们必须把相关项目细化。比如，招聘要求，可以进一步拆分，学历要求、专业要求、工作经验要求，最好还能让用人部门列明提出这些要求的原因；同时，为了有计划地安排招聘工作，还需要请用人部门列明每个岗位所需人员的最晚到岗时间以及原因。”

“哦！这个因素我们没想过。”

**“表格设计的第四个要求：符合审批流程。**目前，咱们公司的审批流程，首先由用人部门负责人签字确认，然后由人力资源部，也就是黄主任审核，经总经理批准后，咱们负责执行。你们设计的表格也应该符合这个流程。”

“招聘不是由您负责吗？怎么会由黄主任审核而不是您呢？”两位下属表示不解。

“原因很简单，用人部门签字的是部门经理，所以我们这边也必须是部门经理或以上级别的负责人签字，否则就不合乎职场规则了。”

"潜规则吗？"

"呵呵！显规则。"

快要下班时，两位新人把做好的表格交给了周小易（如表2-2所示）。

表2-2 **招聘需求申请表**

| | | | | | |
|---|---|---|---|---|---|
| 需求岗位 | | 现有人数 | | 需求人数 | |
| 申请部门 | | 申请人 | | 申请日期 | |
| 申请原因 | | | | | |
| 最晚到岗时间 | | | 理由 | | |
| 基本要求 | 项目 | | | 理由 | |
| | 学历要求 | | | | |
| | 专业要求 | | | | |
| | 外语要求 | | | | |
| | 工作经验要求 | | | | |
| 其他要求 | | | | | |
| 用人部门经理审核 | | | | | |
| 人力资源部经理审核 | | | | | |
| 总经理审批 | | | | | |

看着这份新表格，周小易又陷入了沉思。"理由"这个项目实在太过扎眼，她的本意是希望用人部门能够慎重而合理地列出招聘要求，只是不知道用人部门会怎么看待这个项目。她知道人力资源部在企业里想改变业务部门做事风格、做事方法的难度。这张表格，能不能推行下去，或者说能推行到何种程度，其他部门会有何反应，其实，她心里一点儿底都没有。

当一个人对环境感觉不爽时，会有三种反应：第一种，努力适应环境；第二种，选择换一种环境；第三种，努力改造、利用环境。成功者往往属于第三种人,即大成功者，改变大环境；小成功者，改变小环境。周小易虽然自知还没有能力改变整个公司环境，但她还是想尽力地改进一些局部的环境，哪怕，只有一点点……

人生最大的讽刺在于：喜欢改变环境的成功者常常告诫后来者，你们要学会适应环境。

人生最大的悲哀在于：当你学会适应环境时，却失去了改变环境的勇气。

### 小易管理感悟

一张表格、一份文件的背后都可能蕴含深刻的职场法则和职场智慧。作为新任管理者，既要了解这些隐性或显性的法则，又要与其保持适当的距离，以免误入歧途、适得其反。

## 002　一次会议，一堂管理课

**人与人之间的关系总是很微妙。当你试图推卸责任时，总会受到攻击，反之，当你试图将责任揽到自己身上时，别人又会做出让步的表示。**

“该死，又堵车了。”周小易心中叨咕了一句。

当初选择M市，一个很重要的原因就是，这里人口不那么密集，工作和生活节奏较慢，无需担忧大城市的堵车和雾霾。可是，最近一段时间以来，路上不知从哪里冒出了好多的私家车，堵车的事渐渐地多了起来。眼看着上班的时间到了，而自己乘的公交车还塞在路上，周小易知道自己一年多来保持的无迟到记录要作古了。

“周姐，刚才生产部又来电话催促招人了。”周小易刚到办公室，袁书彬就跑过来汇报。

“嗯！我知道了。等一会儿你再跟人才中介所联系一下，看看有没有合适的人。”

“好的。”

“对了，咱们发下去的“招聘需求申请表”有反馈回来的吗?”

“还没有。”

“你再去催一下吧!”

“好的。”袁书彬回答道。

“周姐，刚才黄主任来电话，让你10点钟到大会议室参加公司的生产经营会议。”周小易刚想喘口气，杨欣欣又跑过来说道。

“OK。”今天只迟到了一会儿，没想到就错过了两个重要电话。生产经营会议，按照道理来说，都是部门经理级以上人员参加的呀，黄主任让自己也去参加，是好事还是坏事就不得而知了。

周小易随着黄主任一起来到大会议室，看到大家个个正襟危坐，隐隐有一种不祥的预感……

会议首先由张总就SN最近一段时间的运营情况作了简单的介绍，接着各个部门经理也都谈了一下本部门的运营情况。周小易还是第一次有机会了解公司的运营，手上的笔不停地记录着……

“我们部门现在主要的问题是，任务重，人手不足。”质检部经理严萍在谈本部门问题时，开始涉及招聘问题。周小易连忙抬起头，想看看其他部门的反应。

“我们部门也是这种情况，个别岗位缺员已经一个多月了。也不知道人力资源部是怎么搞的，招个人这么费劲。”采购部经理陈彤附和着。

“现在招人是挺费劲的。招聘的问题，先由周小易来给大家解释一下吧。”黄主任接过了话。

“我们人力资源部是想先把公司的招聘需求梳理一下，所以这两天给各部门发了张“招聘需求申请表”，但还没有得到反馈。”周小易发言道。

“可别说那张表了，你们人力资源部弄的表格，招个人连什么时间到、有什么具体要求都需要填理由，我们质检部不用干活了，天天填表格得了。”

“我们也是希望把准备工作做细点儿，好快一些招到人嘛!”

“哎呀，都火烧眉毛了！再不招人干活，咱都得喝西北风去了！再说了，表格的事儿可以后弄啊，最要紧的是把人先给我招来干活，招聘要求提出这么多天

了，连个人影都没有。”严经理显然是余怒未消。

“磨刀不误砍柴工嘛。”周小易小声嘟囔着，眼泪几乎都要流出来了，一脸委屈地看向黄主任。黄主任示意她先不要说话。

“老黄，看来招聘问题已经很突出了，你们部门下一步是不是得拿出个具体的方案来啊？”张总可能觉得严经理的话有些过火了，便拿起笔敲了敲桌子，向黄主任询问道。

“这个事情，我来说说我的想法。第一，作为人力资源部门的负责人，没有能够及时补充人力，耽误了公司的生产，我应该负主要责任，接下来我们肯定强化招聘工作，张总也清楚，我们将HR的招聘职能独立出来由周小易负责，就是这个想法。第二，招聘工作效率不高，确实也存在一些客观原因。从外部环境来看，竞争对手到处在挖人，我们公司的工资又不具备优势，本地技工院校相关专业的学生已经被抢订一空，从内部情况来看，招聘团队刚刚组建，新人较多，需要时间熟悉公司，了解我们公司的用人需求。其实，这也是周小易提出重新填写‘招聘需求申请表’的原因。第三，我们毕竟精力有限，所以准备根据各部门重新提交的‘招聘需求申请表’对招聘活动来个轻重缓急的安排，争取在短期内，解决公司最急需岗位的人力短缺问题。”



“嗯！咱们公司毕竟是处于快速上升期的企业，留给新人的上升空间很大，你们人力资源部可以从这方面做做文章，广纳四方英才嘛！”张总提示道。

“我们也在努力尝试转变一些工作的方式、方法，不过，还要靠在座诸位的鼎力支持啊！你说呢？严经理。”黄主任问道。

“只要能快点儿招来人，我们肯定配合。”严经理答应道。

黄主任的一番话，算是基本上化解了各部门对人力资源部，尤其是对招聘工作的围攻，也让周小易认识到了自己与黄主任的差距。不过，同样的话，从不同人的嘴里说出来，效果肯定是不一样的。

散会后，黄主任把周小易叫到了自己的办公室。

“主任，是我没把事做好，您批评我吧！”周小易自责道。

“你知道自己问题出在哪了吗？”

“是我办事不力，没能招到人，还惹得其他部门不高兴了。”后半句带着明显的不情愿。

“你的问题不是工作没做好，而是工作的方式、方法出了问题。”

“工作的方式、方法?”周小易不解地问。

“对。就拿你设计的这份“招聘需求申请表”来说吧。你的出发点和愿望是好的，是想重新确认需求，统筹安排招聘活动，可是你做事的方法出了问题。在设计这张表格时，你只考虑自己如何更容易获得信息，而没有考虑其他部门的方便程度。换位思考一下，如果让你填一张这样揪根溯源的表格，你会高兴吗?”

“你的意思是，我们要重新设计一下表格吗?”

“我的意思是，你必须转变做事的方法和思考问题的角度。虽然很多人都说人力资源部门很重要，但千万不要被这种论调所左右。在现阶段或者说在我们公司中，HR发挥的仍然是支持与服务功能。这就要求我们在做事或解决问题时，多为其他部门着想，把工作做细，尽量少占用其他部门的时间。”

“可是，如果其他部门不配合，只是我们把工作做细又有什么用呢?”

“不是其他部门不配合，而是你的沟通协调工作没做好。”黄主任直接指出了周小易身上存在的问题。

短短一个上午，周小易连遭了两次批评，强烈的失败与挫折感油然而生。不过，今天的收获可能也是最近一段时间以来最大的。

**第一，黄主任用自己的言行，诠释了“什么人才是优秀的管理者”。**

首先，一个优秀的管理者肯定是一个敢于承担责任的人。当高层领导或其他部门指出本部门存在的问题或不足时，他们不会将责任推脱给其他人或是下属。即使问题出现在下属身上，他们也会首先将责任揽到自己身上，回到本部门后，再关起门来追究下属的责任。其次，他们不会直接给出问题的答案，而是会给出思考方法或方向。如果遇到问题时，管理者总是直接给出问题的解答方法，那么，下属就永远也不可能成长起来。

**第二，如何化解与其他部门的冲突。**

针锋相对的冲突，只能将矛盾激化，而适时的退让和自我检讨，有时也是不错的化解方法。当然，这种退让和自我检讨也是出于某种目的的需要，而不是毫无原则的。况且，做出这种选择也是一种无奈，争吵也是需要本钱的，谁让人力资源部门在企业里天生是弱势呢。

**第三，工作还需要做得更细致。**

不仅要把自己部门职责之内的工作做细，还要把涉及其他部门的工作做细。

在与其他部门配合或协调时，尽量让其他部门省事，而不是自己省事。这点儿执行起来恐怕比较难。想到这里，周小易不禁摇头苦笑。其实，很多时候HR部门推行的制度、流程，其他部门不愿意配合也是有原因的，一方面是因为人的本能就有抗拒改变的心理；另一方面可能与HR部门推行的东西往往为自己考虑得多，为其他部门考虑得少有关。

“周姐，我还去催用人部门交表格吗？”在周小易回来之前，袁书彬已经了解了一点儿办公会议的内容，便重新向周小易请示道。

“哦，不用了。明天我和你一起挨个拜山头吧！”

人力资源这些事，从来不简单。越想省事，就越容易惹事。也许，只有把工作做到无可挑剔时，别人才真的不会再找事了。

**小易**
**管理感悟**

领导者，是部门的负责人，所以下属的问题，归根到底还是领导者的问题，即使这个问题确实是下属个人原因造成的。一个好的领导者，不只是一个站在高位向下属发号施令的人，还应该是一个能在关键时刻保护下属的人。

## 003 招聘需求调查

**与企业其他部门沟通，和与人沟通是一样的。要想获得别人的支持，首先必须让他知道，沟通对他是有利的。**

“今天你们俩到得挺早啊。”早上，周小易刚进办公室，发现袁书彬和杨欣欣早就坐在座位前了。

“不是说要去各个部门拜山头吗？我们想做点儿准备工作。”很显然，两位新HR也对各个部门经理有所顾忌。

“呵呵！那你们准备得怎么样了？”

“其实，昨天忘了问你了，我们要去做什么啊？”杨欣欣一脸茫然道。

“晕！那你们在准备什么呢？”周小易很好奇地走到他们座位前，想看看两个人在网上都查了些什么。“如何与其他部门沟通”、“HR部门如何赢得业务部门的好感”等词条还停留在搜索栏内，小易感叹道：“行啊，你俩，看来你们挺会混职场的嘛！我要是像你们这样提前了解点儿和其他部门相处的学问，昨天也就不会被挤对了。”

“还有人会挤对我们HR吗？”杨欣欣不解地问道。

“你们是不是觉得在企业里，HR的地位很高啊！别天真了，我们可是公司里最落埋怨的部门了。言归正传，布置一下任务吧！今天我们三个要到各个部门做一下招聘需求调查，回来后，再做一次招聘需求分析。”周小易说道。

“招聘需求调查，招聘需求分析。”袁书彬小声重复了一遍。

“对，我们需要对各部门提交的招聘需求重新确认，以提升招聘效率，估计得需要两天的时间。”周小易又对杨欣欣说：“欣欣，这两天你也要记得及时更新网上的招聘信息，有合适人选马上通知我。”

“好的，周姐。”杨欣欣答应道。

“可是，周姐，招聘需求调查和招聘需求分析，我上学的时候也没学过怎么做啊。”袁书彬问道。

“学没学过不重要，其实咱公司以前也没做过这方面的工作。倒是有张‘招聘需求调查表’，不过，那张表格除了能汇总一下各部门的招聘岗位、人数和基本要求外，对招聘工作的帮助不是很大。这次，我们做调查，就是为了准确了解各部门的招聘需求，重新确认各个招聘岗位的要求。”

“那要调查些什么呢？”袁书彬拿出笔记本，一边记录，一边问。

“我们这次的招聘需求调查，重点要关注这样四个方面。”周小易一边说着，一边打开自己电脑上的PPT文稿。其实，这些内容也是周小易昨晚刚准备好的（如图2-1所示）。

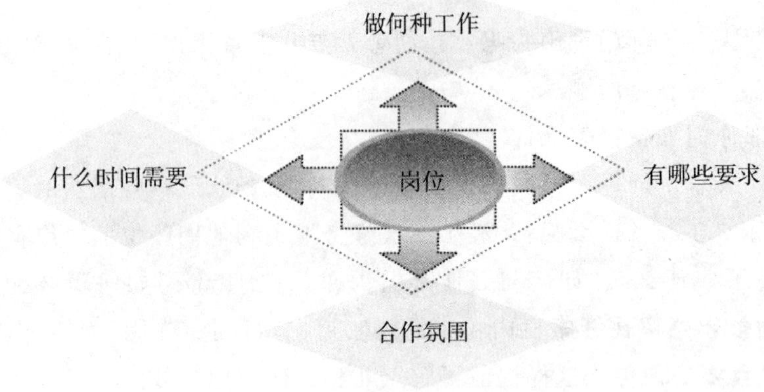


**图2-1　招聘需求调查的项目**

“周姐，这些项目看起来和咱们招聘信息上的内容没什么明显区别啊？”杨欣欣看了看演示文稿，不解地问。

“我们这次调查是以招聘岗位为核心的，对吧，”周小易看了看两人，又继续说，“做何种工作，是指这个岗位的工作内容。我们需要了解这个岗位日常耗费时间最多的或最有意义的工作内容。例如，我们调查的岗位是‘销售员’，那么，不管这个岗位日常需要填报哪些报表，他最有意义的工作内容仍是‘把产品卖出去’，其他的都是次要的。”



“我们了解这些工作内容，对招聘工作而言，又有什么意义呢？”袁书彬问道。

“明确了主要工作内容后，我们就可以以其为核心，进一步了解招聘岗位的要求是否合理了。还以刚才的‘销售员’为例，因为工作内容是以‘卖出产品’为核心，那么，我们的招聘要求中就应该注重销售经验、沟通能力等方面，而非何种专业、何种学历了。”

“明白了，那招聘要求一般都是从学历、专业、经验以及技能几个角度来考察的吧？”袁书彬又问道。

“是的。我们所做的招聘需求调查，一个很重要的任务就是，了解这个要求设置是否合理，比如，招‘销售员’是否一定要求‘市场营销’专业毕业的。”

“这不一定的。黑猫白猫，抓住老鼠，就是好猫啊！”杨欣欣插了一嘴道。

“对啊。但是，在很多情况下，我们所设置的招聘要求与实际需要不太相符。除此之外，我们还要了解每一条招聘标准有无变通或操作的空间，也就是说，一条标准，能否让步、能否通过企业途径弥补，”看着两人有些迷茫的脸孔，周小易又进一步解释，“举个例子吧！假如，某岗位招聘要求中，有一条‘本行业三年以上工作经验’，我们就需要了解这一条设定的原因，如果一个求职者的工作经验只有两年，行不行?”

“哦，明白了。那合作氛围，指的是什么呢？是招聘岗位的上级、同事还有下属吗?”袁书彬又接着问道。

“不只是这些。一个新入职员工能否顺利进入角色，除了与自身能力、素质有关外，还和他融入团队环境有关。毕竟，任何一项工作都是在一定情境之下完成的。这里的合作氛围，与团队合作氛围、团队领导人的性格以及企业文化有关。例如，有的企业崇尚竞争，而有的企业崇尚内敛，这对招聘选人的影响是非常大的。”

“你认为严经理的部门合作氛围如何?”袁书彬和杨欣欣相视一笑，故意调侃道。

“呵呵！挺不错的。严经理是一个非常严谨的人。平时对下属很不错，但是，如果下属出现了错误，她会毫不留情地批评，”周小易当然知道他们的想法，“再说说什么时间需要吧，这个是指招聘到岗时间，实际上，我们只需了解所招聘岗位的最佳入职时间段就可以了。例如，某岗位的现任员工要在某日离职，那么，我们就需要根据这个岗位的新人上手时间来判断新员工提前多久到岗比较合适。同时，为了节约人工成本，新员工过早入职也不好。当然，这种安排适用于容易招聘的岗位，紧缺岗位就顾不了这些了，只要是有合适的人，就应立即通知其入职，以免被其他公司抢走。”

“哦，这还挺复杂。”袁书彬感叹道。

“当然，在招聘需求调查完成后，我们还需要进行需求分析呢。一会儿你根据我说的草拟一份“招聘需求调查大纲”吧，以免调查过程中出现遗漏。”周小易给袁书彬安排了一个任务。

“好的。”袁书彬答应道。

不到半个钟头，袁书彬就把设计好的调查大纲传给了周小易（如图2-2所示）。周小易看了看，没有什么大问题，便嘱咐袁书彬为每个问题多预留点儿空白，多复印几份作为访谈记录使用。

“周姐，咱们从哪个部门开始啊?”袁书彬拿着一沓刚复印好的调查表问。

**招聘需求调查大纲**

需求岗位：

1. 该岗位主要工作内容（最核心的1~3项）。
2. 完成这些工作内容，最重要的素质或能力是什么？
3. 完成这些工作内容，需要具备哪些专业知识，能否通过培训弥补？
4. 完成这些工作内容，需要具备哪些工作经验，工作经验多长比较合适，能否通过培训弥补？
5. 完成这些工作内容，需要具备哪些技能或能力，能否通过培训弥补？
6. 该岗位需要与谁合作或配合？
7. 这个岗位现在人员配置如何，缺员对生产构成了哪些影响？
8. 新员工入职后多久可以独立完成工作？
9. 所缺岗位能否通过内部调岗解决？
10. 该岗位是临时需求还是长期需求？
11. 该岗位需求人数，是否需要分批到岗？

图2-2　招聘需求调查大纲



“质检部。”周小易回复道。

“怎么选他们部门了？”很明显，这两位新HR都觉得和质检部打交道不是很容易。

“从哪个部门开始，不是我们能选择的。我们是要趁部门经理有时间时，才能过去调查的。今天上午只有严经理有时间。”

“我们只是去做个访谈，难道还要预约？”杨欣欣感觉有点儿小题大做了。

“部门经理都很忙。提前预约，一方面可以保证谈话不被打扰或中断；另一方面也可以减少对别人工作的影响。”周小易解释道。

“嗯！明白，咱们什么时候开始？”两位新HR跃跃欲试。

“立刻，马上。”周小易看了看时间说道。

周小易带着她的两位下属一起来到了质检部经理办公室。见到严经理后，周小易先表达了歉意，并且检讨了一下自己招聘工作中的不足，严经理也表示自己那天会议上有些失态。一番寒暄后，周小易开始切入主题。

“严经理，我们仨对质检这部分的工作都不熟悉，想多了解一点儿关于‘质检员’的工作内容，以便掌握招聘尺度。”周小易首先发问道。

“质检员啊？我们要招的‘质检员’只是一个泛称，具体包括来料质检员、过程质检员和成品质检员三种。”严经理解释道。

“哦，那我们是不是要分开招啊？”袁书彬觉得自己的访谈记录表好像不太合适，便问道。

“不用，其实工作内容大同小异。都是做质检，区别在于检验对象不同。”严经理进一步解释道。

“那您认为什么样的人适合做质检员呢？”周小易问。

“细心、做事精益求精的人。”严经理脱口而出。

“哦，看来像我这样的马大哈是不合适了。”周小易自嘲道。

“呵呵！你做HR不也挺好吗！”严经理笑着说道。

“也是。咱们招的质检员一定要求电子电工专业吗？”周小易觉得应该适当挑战一下这一看似十分必要，却又阻挡了很多求职者的标准了。

“其实也不一定，如果不是电子电工专业的，只要入职后稍加培训，能够看懂质量标准就可以了，不过可能未来在咱们公司的调岗和晋升上会受到一些影响。”

“嗯！明白了。如果没有质检工作经验，是不是经过一段时间的培训可以上岗呢？”

“当然，其实质检员的培训相对简单，一般三五天就可以上岗了。”

“哦，那这个岗位还需其他特殊的技能吗？”

“不需要。质检员的工作单调得很，要能坐得住才行。”

“这个岗位一般也很少与其他岗位配合吧！”

“对，顺便提醒一下，这个岗位需要对数字很敏感，不能出一点儿的错。”

“明白。我看咱们以前的申请表，一共需要招聘5个质检员吧。看来质检岗位缺员很严重啊！我们尽快把五个人给您补齐吧！”

“那就抓紧吧！现在基层质检非常缺人手，我们质检部的管理人员经常兼职做质检了。别说五个了，短期内能给我解决两个就谢天谢地了。”

“这五个质检员都要派到车间去吗？”

“其实我们部门一下子也安排不了五个人，提出五个人的要求，是希望给你一点儿压力。我的想法是，五个人中最好有两个人的专业基础能好一点儿，以便于未来充实我们管理人员的队伍啊！”

“哦，明白了，我们再聊聊另外几个岗位……”

下午，周小易又带着两位下属先后走访了生产部、研发部、销售部等几个业务部门，调查结束时，早已过了下班时间了。

“看来和其他部门沟通也没想象中的那么难啊！”袁书彬感叹道。

“当然，当你肯为他们服务时，他们自然会对你友好的。”杨欣欣接了一句。

“好了。今晚回去想想怎么消化这些信息吧！明天咱们还要开招聘需求分析会呢。”周小易提醒道。

“周姐，咱们不能每次招聘都这么搞吧！太浪费时间了吧！”袁书彬说道。

“当然，这一次的调查结果在以后的招聘工作中也可以使用。不过，要想彻底解决这个问题，还需要我们赶紧启动工作分析，建立规范的工作说明书、工作流程与制度体系。”周小易解释道。



“那为什么现在不启动呢？我看弄点工作说明书、管理制度也不难啊！”袁书彬追问道。

“有效的工作说明书，源于科学的工作分析。编制一份工作说明书也许很容易，但要是无法在工作中使用就没意义了。现在我们公司发展太快，部门架构、岗位调整都过于频繁，等明年公司新的生产线正式投产后，就可以搞这些东西了。”周小易进一步解释道。

“呜呜，肚子饿了，还是先填饱它再说吧！”看到袁书彬还想追问，杨欣欣故意搞怪道。

“好吧！赶紧回去吧！不过临走还是要告诉你们一句话：**把一件事做好、做到极致，真的不容易。**”周小易看了看杨欣欣说道。

……

与其他部门沟通，和与人沟通是一样的。要想获得别人的支持，首先必须让他知道，沟通对他是有利的。

## 小易管理感悟

招聘需求调查，可以做得很细致，也可以做得马马虎虎，关键是看个人对工作的态度如何。

在企业里，很多工作都与招聘需求调查类似，没人会依据量化标准要求你，但你必须对自己有所要求。把工作做细、做到极致，获益的不仅是企业，还有自己。其实，这也就是所谓的对企业负责就是对自己负责。

## 004 招聘需求分析

**一件事，会不会做，是一回事；做不做得好，是另一回事；能不能做到极致，则更是完全不同的一回事。不管你愿不愿意承认，我们大多数人做事，其实都停留在会不会做的水平。**

早上，当袁书彬和杨欣欣来到办公室时，周小易刚刚在白板上完成了一张逻辑图（如图2-3所示）。

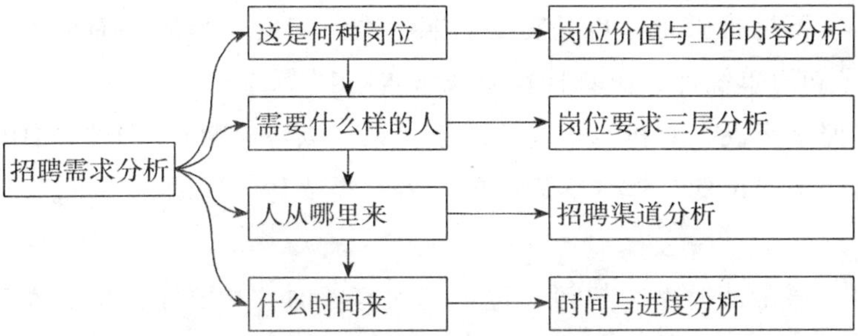


图2-3 招聘需求分析逻辑图

“周姐，这就是咱们今天分析的内容吧！”袁书彬看着白板上的逻辑图问。

“没错，你们赶紧准备一下，咱们早点儿开始吧！”周小易嘱咐道。

袁书彬和杨欣欣拿出笔记本做好听课的准备。

“我先介绍一下招聘需求分析的思路和程序，接下来咱们再逐个岗位地分析。”看着两个人已经准备好了，周小易开始切入正题。

“周姐，我想问一下，招聘需求分析，是招聘工作必不可少的环节吗？”袁书彬问。

“当然，招聘需求分析，是招聘工作的起点。如果你们对企业内部各个岗位非常了解和熟悉了，那么，确实可以省去一些步骤。甚至，当你经验非常丰富时，只需在脑子里过一下，就可以完成这项工作了。不过，这个思考过程是肯定有的。”周小易再次向他们解释招聘需求调查与分析的必要性。

“明白，那我们是不是应该从‘岗位’入手呢？”袁书彬看着白板问。

“不错，我们先以‘质检员’这一岗位为例来进行分析。招聘需求分析的一个项目就是‘这是何种岗位’。”周小易开始介绍。

“‘质检员’呗！”杨欣欣接话道。

“不错，质检员为企业创造的价值又体现在哪里呢？”周小易继续问。

“检验吧！可是检验又如何为企业创造价值呢？”杨欣欣对自己的回答有些不确定了。

“企业的利润来自于产品的销售，而不合格的产品不仅无法创造利润，还会损坏企业声誉，因此，质检员的价值就在，通过质量筛查，找出不合格品，”周小易看了看两位下属，又问，“你们觉得质检员需要通过哪些工作活动实现岗位价值呢？”

“检验呗！”杨欣欣又抢着回答道。

“也对，不过检验肯定也是需要对照标准、借助工具的，而检验之后，自然还需要记录和简单统计、出具检验单或报告吧！”

“哦，照这么说，分析每个岗位时都可以这么考虑啊！”两位新HR感叹道。

“了解一个岗位的工作内容后，就要看‘需要什么样的人’了。”周小易继续讲解。

“周姐，通常情况下，如何通过工作内容考虑‘需要什么样的人’呢？应该有一个固定的思维套路吧！”袁书彬问道。

“不错，考虑招聘岗位的要求时，大致可以从这样三个层面来考虑。”周小易一边说着，一边在电脑上调出了一张图表（如图2-4所示）。

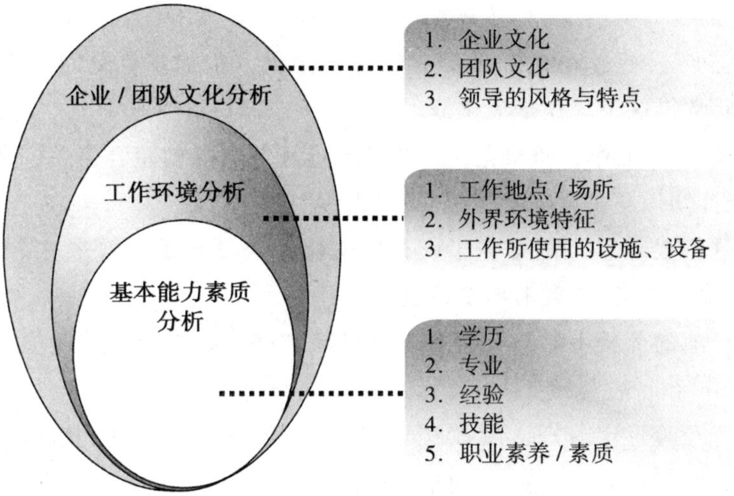


**图2-4 招聘岗位要求的三个层次**

“好像基本能力素质分析和工作环境分析的项目，跟我们发布的招聘信息项目一样啊！”袁书彬质疑道。

“没错。我们做招聘需求分析，不是说这些项目不合适，而是我们所填的信息不够准确。还以‘质检员’为例，我们可以逐项地分析一下，”周小易看了看他们两个人，又继续说，“首先，我们来分析一下‘学历’，看看质检员需要本科、大专还是高中啊？”

“这怎么分析啊？昨天做调查时严经理也没说啊？”杨欣欣颇感为难。

“根据质检员的工作内容，我觉得学历不应该太高。”袁书彬回答说。

“其实，按照我们和严经理沟通的情况，‘质检员’需要五个人，但对这五个人的期许是不同的。首先，基层生产急需两个质检员；其次，严经理希望将来有两个质检员能够向上发展；最后，如果我们招聘一个学历高的人做基层质检员，他也未必能够安心工作。基于这种情况，我们不妨将‘质检员’岗位分成两类发布：一是基层质检员；二是质量管理储备干部。”

“呵呵！储备干部，我怎么感觉这个词有点忽悠人呢！”杨欣欣挖苦道。

“那也可以换成‘质量管理员’，只要做一下区分就好。如果我们暂时无法确定学历要求，可以先分析一下专业知识板块。第一项工作，质检员需要对照质量标准完成检验工作，那么，看懂质量标准和相关数据资料就是其必备的技能。”

“好像不需要特殊的专业知识吧！初中毕业的人就能做到。”袁书彬说道。

“OK。第二项工作，使用检验工具完成检验工作，那么，检验工具的操作与养护技能是需要的吧!”周小易又发问道。

“当然需要，不过我觉得只要有个初中文化，稍加培训就可以胜任这个工作。”杨欣欣觉得这个工作毫无挑战。

“OK。第三项工作，质检记录、统计与计算并出具检验合格单，那么，基本的计算、统计知识还是要有吧!”周小易继续引导。

“不过这都是最基本的知识了，初中文化肯定没问题。看来有个初中水平，就可以做质检工作了。”袁书彬接话道。

“单从目前的分析上来看，好像是这样哦。好，我们看看，这项工作是否需要相关的工作经验呢?”

“如果有经验肯定最好，没有也可以啊！严经理不是说过，培训几天就可以了吗!”袁书彬翻看了一下前一天的调查记录。

“那这个岗位需要特殊技能吗?”周小易再次追问。

“借我借我一双慧眼吧!”杨欣欣突然冒出来一句歌词。



“呵呵！肯定有人借你的，现在都是靠着仪器和工具检测，光凭慧眼恐怕不行啊!”袁书彬补充道。

“看来这条也用不着了。那么，有特殊的职业素养或素质要求吗?”周小易又追问。

“‘仔细’，这个词在昨天的调查中，严经理反复提到过。”袁书彬申明。

“这一条不仅要出现在招聘信息中，也应该列入咱们筛选的项目，”周小易看了看他们两个，又接着提醒，“别忘了，严经理还想培养两个储备人才呢!”

“储备人才?”

“对啊。招聘的这类人员首先要去基层参加质检工作，然后，会调到质量管理部，参与质检标准的编制以及质量管理体系的建设等工作。”周小易再次引导道。

“那么，这类岗位初中文化肯定难以胜任了。我觉得至少要大专。”袁书彬说道。

“不是你觉得如何，我要听的是你的依据。”周小易纠正道。

“按照质量管理干部的工作内容，他应该了解国家质量管理体系、国家以及行业的质量管理标准、品质管控的方法和手段、专业的统计学知识。看来需要拥有大学本科以上的质量管理专业水平了。”袁书彬自言自语道。

"如果参加过相关机构组织的质量工程师培训呢？你要知道现在开设质量管理课程的大学可是不多啊！"周小易补充道。

"即使参加过这类培训，也需要具备大专以上的学历才行吧！"袁书彬强调。

"嗯！关于基本能力素质的分析这样就可以了。我们再来分析一下工作环境吧！"周小易提示继续分析。

"其实，所有岗位的工作环境都差不多吧！不都是坐办公室里吗？质检员也一样呗！"杨欣欣沉默了好久，终于插上了一句话。

"也不一定。这个分析主要针对一些特殊岗位，比如，部分销售岗位的要能够适应出差，甚至是跨国出差。"

"哦，出差也不错啊！可以领补贴还可以当旅游了。"杨欣欣又有点儿想入非非了。

"想什么呢？那要是让你一年回一趟家，你愿意吗？"周小易给她浇了一盆冷水。

"太久了。还是算了吧！"杨欣欣做了一个鬼脸道。

"看来这一层面，对于质检员没有什么特殊要求。我们继续分析，企业或团队文化。其实，我们公司处于快速发展期，还未形成特定的企业文化，所以，目前这部分分析主要集中在团队文化和领导风格两方面。"周小易圈了一下重点。

"可是，团队文化和领导风格又该如何确认呢？"袁书彬提出了疑问。

"通常情况下，你需要考虑招聘岗位与其他岗位成员性格的一致性或互补性。但最主要的还要看他直接领导的特点。比如说，一个质检员要想获得严经理的认可，肯定需要对工作特别严谨、一丝不苟才行。"周小易讲解道。

"哦，这么看来我们的招聘信息需要改动的地方还蛮多的。"听完了关于这个岗位需求的分析，杨欣欣感慨道。

"是啊！按照我们的分析，你们觉得从哪些渠道招聘比较合适呢？"周小易想引导两位HR新人继续讨论。

"我觉得如果把质检员岗位分成两类的话，基层质检员可以考虑通过本地的人才市场、人才中介所招聘，同时在网上也发布招聘信息，应该会比较快招到人的。只是质检部要求的储备人才，招聘起来恐怕有点儿难度。"袁书彬分析道。

"非常好。既然质检管理储备干部招聘速度慢，我们就慢点招好了，关键是招到合适的。其实，现在质检部最需要的是基层质检员，我们如果能够立刻给招两个过去，暂时也能应付一段时间。"周小易看了看他们两个人的脸上显出了比较轻松的表情，又继续说，“下面再分析一下其他几个岗位，先由袁书彬做主持，再由杨欣欣主持。”

“哦，这就开始了。”袁书彬明显有些底气不足。

“没事，一点一点来吧！”周小易鼓励道。

……

招聘需求分析，需要做得这么细吗？当你完全熟悉这个过程后，当然不需要。不过，在你还没有形成固定的思维定式前，最好还是细致一点儿。

一件事，会不会做，是一回事；做不做得好，是另一回事；能不能做到极致，则更是完全不同的一回事。不管你愿不愿意承认，我们大多数人做事，其实都停留在会不会做的水平。

### 小易管理感悟

“5W2H”分析，是通过七方面的发问，寻找解决问题方法的一种管理工具，目前，已经广泛地用于企业管理活动中。“5W2H”分析，包括What（目的）+Why（原因）+When（时间）+Where（地点）+Who（人物）+How（怎么做）+How much（程度）。

“5W2H”分析法，是一个非常强大的管理工具，通过适当变形、改进，可以用于对很多管理问题的分析。

# 第3章

# 用“心”打造招聘渠道

如果说客户是销售员的生命线，那么，渠道就是招聘人员的生命线。招聘渠道，就那么几种，想要了解很容易，但用好、用精却很难。

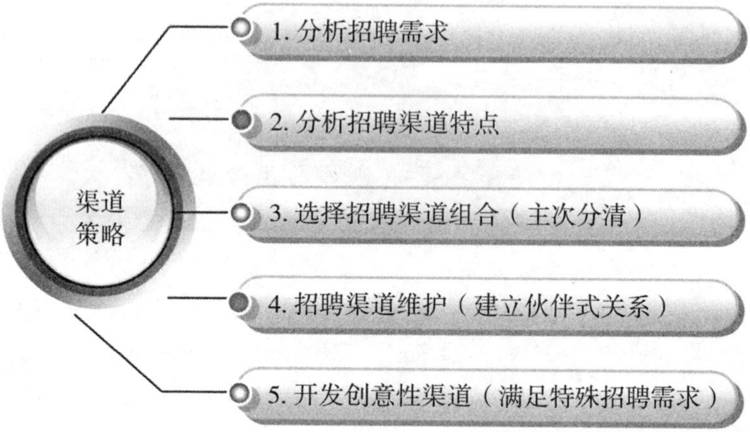
渠道策略
1. 分析招聘需求
2. 分析招聘渠道特点
3. 选择招聘渠道组合（主次分清）
4. 招聘渠道维护（建立伙伴式关系）
5. 开发创意性渠道（满足特殊招聘需求）

## 001 招聘渠道哪家强

**广撒网未必能够多捕鱼，相反，精准撒网、精心呵护，可能效果会更好。做招聘如此，做其他事也如此。**

**招聘渠道建设，绝不是选择一个招聘信息发布的平台这么简单，而是根据自身特定需要选择合理的渠道组合，确保招聘信息准确直达合格的求职者。**

“周姐，我们是不是要根据昨天分析会的结论，重新梳理一下招聘渠道啊？”看到周小易到办公室后，袁书彬跑过来问道。作为一个新人，这份积极性其实是很难得的，这也是周小易比较看好这个年轻人的原因。

“没错。欣欣你也过来听一下，”周小易把杨欣欣也招呼过来，一边在白板上画流程图，一边说，“招聘渠道的确定，通常都是要经过这样一个过程的（如图3-1所示）。”

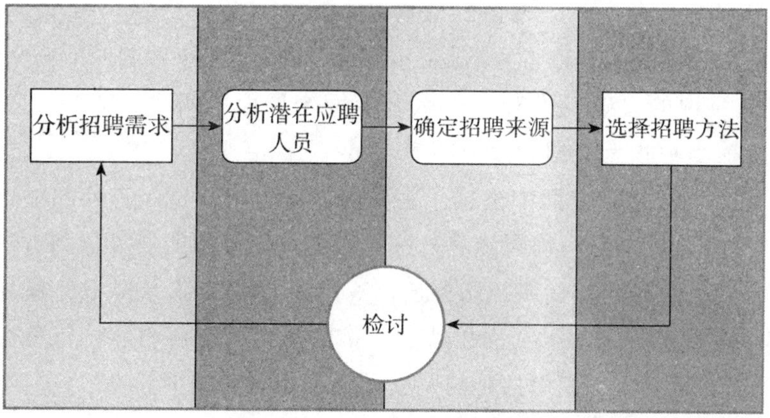


图3-1　招聘渠道确定的程序

“好像招聘需求和潜在应聘人员的分析昨天就做了，”杨欣欣看着流程图说，又接着问，“招聘来源，指的是什么呢？”

“所谓的招聘来源，说白了就是你的应聘人员从哪里来：是学校还是社会，是企业内部还是外部。”周小易解释道。

“选择招聘方法，应该就是具体的招聘渠道了吧！”杨欣欣试探性地说。

“正确。你们说说咱们可以采用的招聘渠道有哪几种呢？”周小易引导道。

“校园招聘，”这两个新HR异口同声地说，接着又几乎同时说，“网络

招聘。”

“人才交流会、职业介绍所、电视广告、报纸广告……”袁书彬一口气说了好多。

“熟人推荐，算不算啊？”杨欣欣问。

“当然算。”周小易一边肯定了她的答案，一边在白板上画了一份招聘渠道示意图（如图3-2所示）。

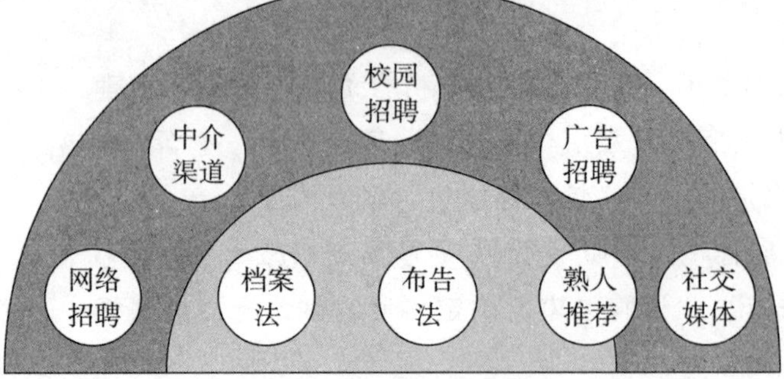

**图3-2 招聘渠道示意图**



“来，咱们看一看这张图。”周小易示意两位新HR上前看图。

“周姐，我说的‘熟人推荐’怎么画到两个层面中间了，难道是不完全对吗？”杨欣欣看着白板上的招聘渠道问道。

“当然不是。这两个层面中里层代表了内部渠道，外层代表外部渠道。而你所说的‘熟人推荐’则是内部渠道和外部渠道都可以使用的一种招聘方法。”

“原来如此。可是，这么多招聘渠道，我们都要用吗？”杨欣欣不解地问。

“招聘渠道的选择，要根据岗位特点、招聘成本而定。当然，每种渠道都有其特定的意义和价值。我们做招聘的，就是要利用尽可能少的投入，尽可能多地吸引优秀的求职者。只有投简历的多了，才有筛选的空间。根据昨天招聘需求分析结论，我们可能会用上大部分的外部招聘渠道。”周小易解释道。

“其实，我觉得招聘渠道也挺简单的，我们只要挨个发招聘信息不就可以了吗？”杨欣欣不以为然道。

“当然，要是有足够的时间、经费和人力，就可以这样做。问题是，我们没有那么的资源，所以必须把有限的资源投入到最有效率的工作当中去。”周小易解释道。

“哦，那又该如何取舍呢？”杨欣欣问道。

“袁书彬，你觉得我们应该选择哪些渠道呢?”周小易问。

“我觉得应该选择网络招聘、校园招聘和中介渠道。”袁书彬答道。

“嗯！下面我简单地说一下我的想法，”周小易稍微酝酿了一下，继续说，“我设计的招聘渠道策略是将网络招聘作为常规渠道，重点做好校园招聘和中介渠道，同时推动熟人推荐与社交媒体招聘融合，形成新的招聘业绩提升点。”

“周姐，你能详细解释一下吗？我们俩菜鸟听得有点懵。”两位新HR同时抗议道。

“呵呵！对不起了，我也是刚从菜鸟阶段过来的，居然这么快就忘了。咱们先说网络招聘吧!”

“网络招聘比较简单吧！就是给三大招聘网站（前程无忧、中华英才、智联招聘）交会费就行了。”杨欣欣回答道。

“真的这么简单？我给你个数据吧！上一年度，我们通过三大招聘网站成功招聘的员工总数为20人，而从M市招聘网成功招聘的员工总数为45人。一个不花钱的本地招聘网站的效率居然超过了三大招聘网站，这说明了什么?”周小易问。

“这个嘛，不好说。在我印象中，一谈到网络招聘，肯定离不开这三大网站。”杨欣欣答道。

“这是由企业所处的位置、行业以及薪金待遇决定的。我们M市尽管经济不错，但仍属于二线城市，而三大招聘网站更适合一线城市的企业招聘。其实，这里面还有一个更深层次的原因。网上求职者主要分为两类：第一类是已经成家的，他们肯定不愿意更换城市；第二类是未成家的，他们肯定是希望去大城市或者距离父母较近的城市发展。因此，无论是哪类人，愿意到咱们这个小城市的都比较少。”

“你的意思是，我们未来只需在本地招聘网站投放招聘信息就好了?”杨欣欣问。

“当然不是。关于网络招聘这块，我是这么想的。首先，继续巩固和M市人才招聘网的关系，咱们也可以适当地花一点儿招聘经费做做宣传；其次，再多开发一点儿行业人才网，尤其是M市附近的长三角地区的太阳能人才招聘网；最后，大型招聘网站，只保留最大的一个即可。”

“明白了，按照我们所做的招聘需求分析，校园招聘恐怕也只有几个高校符合我们的要求吧！当然还有中专技校。”袁书彬说。

“校园招聘方面，我们需要把精力重点放在周边的各个中专技校，去年，我们下手晚了，今年一定要打好提前量，不能等学生毕业或者开始实习了才去招人。今年这个任务交给欣欣吧！”

“哎！我是不是要查查电子电工技术哪家强啊？”杨欣欣调侃道。

“现实情况是：不管技术强不强，只要有人我就抢。”周小易说。

“哦，不需要面试和筛选吗？”

“技工短缺严重，谁还会筛选啊！去这些学校谈，都是整个班的招，根本不给你筛选的余地啊。”周小易解释道。

“嗯！我清楚了，保证完成任务。”杨欣欣保证道。

“周姐，中介渠道是指职业介绍所吗？”袁书彬问。很明显，他也想赶紧拦个活。

“不只是职业中介所，还有各地的劳务输出公司也要联系。光靠职业介绍所提供的人力，根本完不成任务。”周小易说。

“那工作量可就大了。”袁书彬感叹道。

“是啊！这个艰巨的任务就交给你了。不过，我还可以送你一本秘籍，相信会对你有用的。”周小易一边说着，一边把一份花名册送给了袁书彬。

“什么东东？周姐好偏心啊！”杨欣欣嘴里一边叨咕，一边走过来想看个究竟。

“看看吧！就是一份职业介绍所和劳务输出公司的通讯录。”周小易对着杨欣欣说。

“这上面还有ABCD字母，是什么意思？”袁书彬看了看通讯录问。

“哦，这是我给职业介绍所按照输送员工数量和产生纠纷数量作出的分类（如图3-3所示）。”周小易解释道。

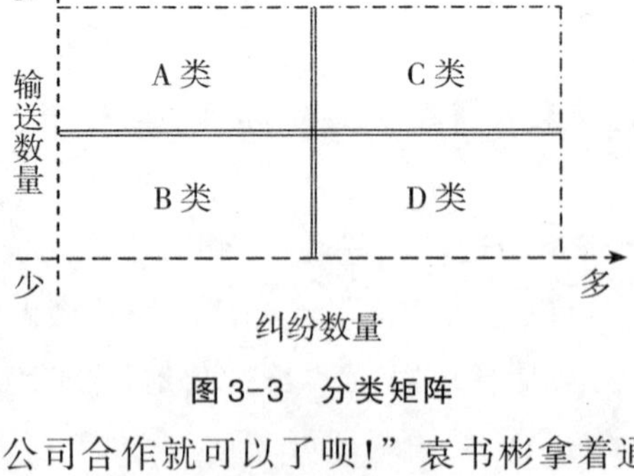


**图3-3　分类矩阵**

“我只需多和A类公司合作就可以了呗！”袁书彬拿着通讯录说。

“工作没有这么简单。你接下来要做的工作包括三方面：第一，维护好与A

类单位的关系，争取让它们多输送员工；第二，开发更多的职业介绍所和劳务公司；第三，盯住B类单位，让其输送更多的员工，并努力避免C类单位的劳务纠纷。总之，我们实在是太需要人了，不能轻易抛弃有价值的中介机构。”周小易说。

“哦，我一直以为在招聘方面，企业处于强势位置，原来也不尽然啊！”袁书彬感慨道。

“当然，这要分岗位的。公司对咱们这些应届生姿态很高，对那些能提供劳动力的中介机构，又要求爷爷告奶奶了。”杨欣欣说。

**◎“金伯乐”计划**

“行了，别抱怨了。”周小易感觉这两个新HR有时候总是找不着重点，还好跑题。

“我们还想听听，熟人推荐和社交媒体融合，是怎么回事啊？我觉得这是两个不相关的渠道啊。”杨欣欣问。

“这也仅仅是我的一个想法，大家共同参谋参谋。我是想着把企业内部和外部的一些相关人员发展成公司的兼职招聘人员，取个好听的名字，就叫‘金伯乐’吧！然后借助这些人的个人社交媒体发布一些招聘信息。”周小易说。

“这个比较难吧！谁愿意把自己的微博、微信之类的东东都变成招聘广告栏啊？”袁书彬不解地问。

“并不是每个人都需要把公司的招聘信息都转发一遍，而是只转发特定的信息。例如，如果我们能够将财务部经理发展成我们的‘金伯乐’，那么，我们在发布财务人员招聘信息时，就可以利用他的微博、微信之类的社交媒体转发一下。一般情况下，财务经理的社交圈子里，从事财务工作的人会明显偏多的。”周小易解释道。

“是啊！我的QQ好友大部分都在企业做人力资源工作。”袁书彬附和道。

“对啊！其实，我们还可以将‘金伯乐’的选择范围扩大，例如公司的客户、供应商、合作学校的老师等等。”周小易进一步解释道。

“可是不给钱，谁愿意白干呢？除非自己身边有现成的人。”杨欣欣质疑道。

“我们可以向公司申请一个‘金伯乐’奖啊？每成功推荐一名高管奖励多少钱、推荐一名工人奖励多少钱。”周小易说。

“嗯！不过这个奖励不一定有吸引力的。”袁书彬担忧道。

“我们主要还是靠感情投资嘛！所以我才说，将熟人推荐与社交媒体融合，如果不是熟人，即使你多给钱，人家也可能不愿意给你做嫁衣的。”周小易说。

“我可以去找我的同学们试试。”袁书彬说。

“好。我再向领导汇报一下，多争取一些奖金可能效果会更好。”周小易总结道。

广撒网未必能够多捕鱼，相反，精准撒网、精心呵护，可能效果会更好。做招聘如此，做其他事也如此。这就有点儿像要不要把所有鸡蛋放进同一个篮子一样。很多人建议，不要放进同一篮子，因为风险太大；而我却觉得，把全部鸡蛋放进同一个篮子，再悉心照顾，可能更安全。

**小易管理感悟**

“金伯乐”计划，如能应用得当，在特殊人才或高端人才招聘方面所起的作用将超过其他招聘渠道，甚至有可能媲美猎头。



## 002 用卖产品的心态做招聘

**招聘，实质上就是在出售自己企业的岗位，而客户就是求职者。和销售其他产品一样，能否获得客户的青睐，是销售成功的关键。**

“欣欣，你过来一下。”周小易看着杨欣欣刚刚传过来的公司招聘简章，觉得还不是太满意。

“周姐，招聘简章是不是有问题？公司简介是从公司网站复制的，岗位招聘要求是按照咱们的分析结果写的。”在杨欣欣看来，这些东西是不可能有问题的。

“招聘简章没问题，我是想咱们要不要再改进一下。问你个问题，求职时，你会看公司简介吗?”周小易问。

“如何岗位合适，也许会看一看。要不面试时对这个公司一无所知多尴尬啊。”杨欣欣答复说。

“你呢?”看见袁书彬也凑了过来，周小易问。

“和她差不多吧！都是看中了岗位才看公司介绍的。”袁书彬答道。

“我在想，如果我们是做销售的，会如何考虑这件事呢?”周小易觉得可以尝试转换一下思路。

“那招聘的岗位就是产品，求职者就是客户了。”杨欣欣说道。

“你们想想，市场上有很多同类产品时，客户为何会选择我们?当然，我所指的不是那种供应过剩的岗位。”周小易引导道。

“工资高，待遇好。”杨欣欣抢先回答。

“发展空间大，能学到东西，也是重要因素。”袁书彬答道。

“实力强，规模大，也是一个因素，”杨欣欣看了看周小易和袁书彬，又解释道，“很多人是不愿意去那种小公司的，尤其是管理不规范的。”

“嗯！其实，一些招聘做得比较细致的公司，它们的公司简介都会有自己独特的诉求点，也就是，能够区别于其他公司的吸引人才的地方。”

“这个还真没注意过。”

“比如，有的公司简介着重介绍公司的历史如何悠久，其实，就是告诉你，选择它，就是选择稳定、选择安全；有的公司着重介绍公司的迅速发展，就是告诉你，成长的空间很大、舞台很宽，只要有能力就有你发挥的地方；有的公司直接告诉你每个岗位起薪多高，就是在用高薪引诱你。”周小易解释道。

“哦，那有的企业写‘高薪诚聘’算吗?”杨欣欣问。

“这个不能算，大家都这么写，‘高薪诚聘’太泛滥了。”袁书彬道。

“不错。如果公司确实能够给求职者高薪，有的会直接标出起薪的。不过像我们公司，能给到行业平均价位就不错了。”周小易继续道，“回头来看我们公司的简介，能够清晰地告诉我们的客户这些东西吗?”周小易又把公司简介从头到尾逐字念了一遍。

“周姐，那你说该怎么写呢?”杨欣欣还是不太明白该写点儿什么。

“关键是要突出我们的核心优势，也就是我们这个产品的卖点。”周小易强调道。

“我们的优势是什么呢?”杨欣欣还是不太明白。

“你们两个分析一下吧!”周小易并不想直接告诉他们答案。

“历史悠久不能算，高薪谈不上，规模也不够大，看来只有发展空间了。”袁书彬逐项分析道。

“难道发展空间不算是一项优势吗？”周小易重复道。

“可是，几乎每个企业都会宣称有很大的发展空间啊？”袁书彬显然不是很认同这一个吸引人才的优势。

“宣称归宣称，你首先要确认，这一条能不能吸引人才。”周小易追问。

“当然，对于刚毕业或毕业没多久的人来说，还是有一定吸引力的。只是，大家并不容易判断哪家企业有发展空间。”袁书彬说出了自己的担心。

“其实，你有没有想过，这和一个人去买东西时的困境是相同的。既想买到质量好的产品，但是自己又区分不清质量的好坏。”周小易说。

“是不是要围绕这一理念做宣传呢？”杨欣欣问。

“当然，而且要通过各种不同的方式强化这一优势。”看着两位新HR懵懵懂懂的样子，周小易打开一份PPT（见图3-4），开始讲述自己的想法。



**第一步：用数据、图表等形式凸显核心优势**

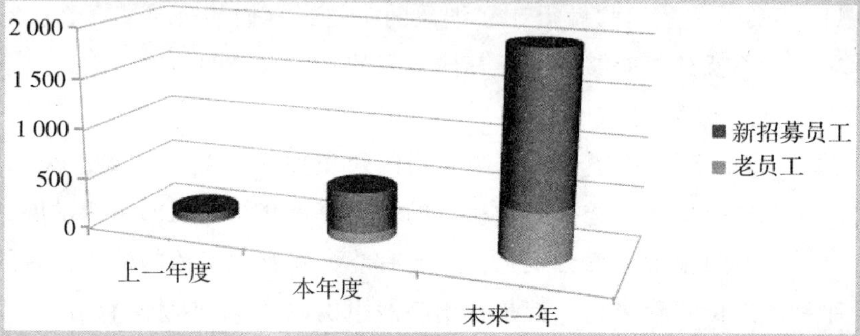


员工增长及构成比例图

1.最近几年，新招聘员工占总员工数的80%；

2.未来一年，我们公司还需要500名左右的优秀技术人才和管理人才。

**第二步：用事实证明我们的优势**

1.过去一年中，新加入公司的员工平均年龄不到25岁；

2.过去一年中，90%以上的新任管理者加入公司时间不到一年。

**第三步：回到现实**

我们虚位以待，就看你敢不敢来迎接挑战了……

图3-4　PPT图示

"还可以这样弄啊?"袁书彬和杨欣欣故作惊讶状。

"其实，不光招聘信息要转换思路，就是招聘准备、电话通知和面试接待同样可以转变一下思路。"周小易说道。

"周姐，你觉得具体应该做哪些准备工作呢?"袁书彬还想了解一些细节。

"呵呵！很多细节要靠你自己去体会，去改进。总之，你就把自己当成做销售的，而求职者是你的客户就可以了。"周小易并不想把每一个细节如何做都规定死。

"我们在集团接受培训时，就曾听说过，周姐面试接待做得那是相当到位了。"袁书彬还是不死心。

"按照现在的标准来看，我以前所做的接待工作仍然有很多瑕疵，还有很多可改进的空间。不过，别人认为我做得还可以，也是因为受了其他人影响。"周小易说。

"哦，都受了谁的影响啊？能说说吗?"杨欣欣又发挥了她的八卦精神。

"其实，也没什么啦，就是一件小事。"周小易也有些不好意思了。

"说说嘛。"杨欣欣再次恳求。

"好吧!"周小易稍稍整理了一下思绪，继续说，"第一个故事是我来咱们集团参加面试时的事。当时接待我们的HR专员现在已经离职了，他叫许君，是一位中年男士。我们几个求职者在会议室等候面试时，他看我们有些拘谨，就主动和我们聊起了天。在聊到面试官时，他告诉我们，其实面试你们的四个人，没有一个是HR专业毕业的，所以，你们只要尽量展示你们的专业知识就OK了。我相信你们这些科班毕业的人，在专业知识方面不会输给这些半路出家的吧。他的一席话，让我们几个人顿时放松了好多。所以，后来的面试发挥得都不错。"

"当时的面试官都有谁啊?"杨欣欣又想八卦了。

"呵呵！是谁并不重要，而且非科班毕业不等于就不专业啊！这只是人家故意让我们这些人放松精神才这样说的。事后我就想，我在招聘时，能不能比他做得更好呢？其实，每个求职者来到一个陌生的企业都会有些紧张、拘谨的，这时候，哪怕是一杯热水、一个微笑都有可能改变他对咱们整个公司的印象。"周小易解释道。

"对。我们也得做得更细致一些。"袁书彬附和着。

"在面试接待方面，你们知道让我最有成就感的一件事是什么吗?"周小易问。

“不知道。”两个人不约而同地摇头道。

“很多求职者在‘求职申请表’中‘对公司印象’一栏填下了‘招聘人员很专业、很敬业’等话语。”周小易感慨地说。

“哦，看来我们也得努力了。”袁书彬看了看杨欣欣说道。

**小易
管理感悟**

尽管招人难的问题日益凸显，但还是有很多企业招聘人员的思维仍停留在“施予者”套路里。正因如此，他们在面对求职者时，自然不会有“请人”的感觉，只是觉得自己在“招人”。



## 003 带着一份负责的态度筛简历

**筛选简历需要速度，更需要质量。几秒钟，可能改变一个求职者的职业发展轨迹，也可能为企业的未来迎来一匹“千里马”。**

“周姐，我先出去一下，从网上下载的简历放你桌子上了。”周小易刚一回到办公室，杨欣欣撂下一句话就急匆匆地出去了。

周小易大略地翻看了一遍杨欣欣筛选后的简历，一共有二十份左右的简历，居然半数以上都是会计岗位的，其他岗位的寥寥。周小易自己进入了公司注册的几个招聘网站，又搜了一圈，从后台看见未通过筛选的简历，不知不觉有些生气了。周小易心想，这杨欣欣，简历筛得也太不靠谱了。

过了一会儿，情绪开始平复了，周小易也开始对自己进行反思。也许是自己在分配工作时考虑不周吧！杨欣欣接触HR工作时间不长，也没对其进行相应的指导，就让其独自完成简历筛选工作，显然是不合适的。自己当年入职时，要不是有黄主任的指导，说不定做得还不如她呢?

**看来分配工作也没那么简单。第一，要量才而授；第二，还要对其进行指导；第三，适当的检查是必需的；第四，根据结果采取表扬还是批评。第四条被很多管理者所看重，其实，倒是最最次要的，因为这毕竟属于事后诸葛亮了。**

“你们两个过来一下。”看见杨欣欣已经回来了，周小易把两位新HR又召集到一起。

“周姐，有何指示啊?”两个人问道。

“咱们把工作分配调整一下，另外，再讲讲关于简历筛选的注意事项。”周小易说。

“哦，工作怎么调整啊?”两个人问。

“我发现咱们女同学外联能力还是比较强的，所以，欣欣，以后招聘会和学校都由你负责联系，当然，至于出苦力的事，还可以找袁书彬帮忙。袁书彬呢?主要负责简历筛选、面试组织与安排等工作。”其实，周小易就是想把杨欣欣调离HR的核心业务，一来自己免去了培训的烦恼；二来也可以发挥一下杨欣欣的特长。

“好哎！”一听说自己不用筛简历了，杨欣欣先表示了欢迎。

“好吧！那就由我来筛简历吧！”袁书彬有些不情愿。

“不管是谁负责筛简历，我觉得作为HR招聘人员都有必要了解一些简历筛选相关的知识。”两个人的反应有些出乎周小易的意料。

“好啊！”两个人赶紧拿好笔记本做好记录的准备。

**◎简历筛选的基本套路**

“我先大致讲一下简历筛选的基本套路。”周小易走到白板旁边，画了一张图表（如图3-5所示）。

“第一个维度，分析简历结构。通常情况下，简历的结构可以反映求职者的组织和沟通能力。如果是求职者自己设计的简历，我们要观察简历的布局以及是否足够简练、重点突出。当然，现在招聘网站都会提供简历的模板，我们重点观察求职者是否能够清晰地表述出其教育、培训背景以及工作经历即可。”周小易说。

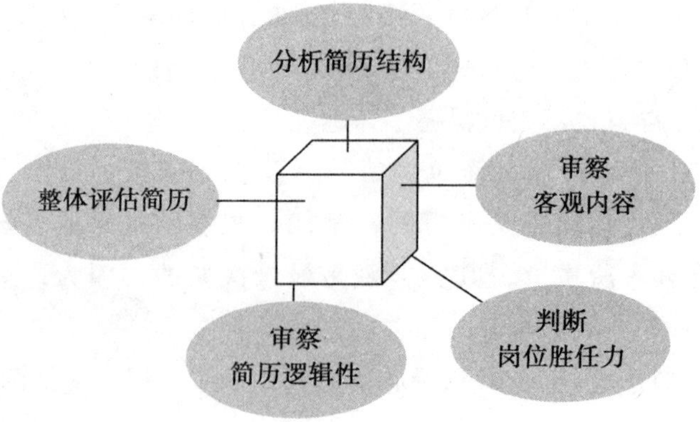


图3-5　简历筛选的五个维度

“嗯！现在都是网上投简历，在这点儿上应该容易筛一些。”袁书彬自我安慰道。

“到时候你就会发现，即使有设计好的模板，还是有些人会弄得乱七八糟。”杨欣欣给袁书彬泼了一盆冷水。



“第二个维度，审察客观内容。一份简历上的内容大致可分为客观内容和主观内容。客观内容包括姓名、性别、年龄、教育背景、工作经历以及培训记录等；主观内容包括对个人的评价、描述等。我们需要按照招聘要求重点关注客观信息。”周小易说。

“除了看教育与工作经历是否与岗位相符，我们还应注意点什么呢？”袁书彬问。

“重点考察教育背景、工作经历的真假以及是否存在职业空白期，即上一段工作截止日期与下一段工作开始日期之间的距离。”周小易解释道。

“哦，是不应该有职业空白期吗？”袁书彬追问道。

“当然不是。通常情况下，一个人从一个企业过渡到另一个企业之间都会有一定的空白期。没有几个人能没有空白期的，除非，有些人在离职前已经找好工作单位了。空白期如果过长，我们就可作为未来面试时询问的一个重点。”周小易解释道。

“明白了。如果有人故意夸大工作业绩或虚构教育背景，如何能看出来呢？”袁书彬说。

“这就要靠后来的面试和背景调查了，”周小易又继续说，“第三个维度，判断岗位胜任力。这就要求筛选者能够根据求职者的客观条件判断他是否符合所招聘要求。因为咱们很多岗位的专业要求带有相关性，例如质量管理相关专业，筛简历时要能够准确判断哪些专业属于质量管理专业。”

“哦，周姐好像是在说我判断得不准确哦！”杨欣欣有些不高兴地说。

“你不是HR专业毕业的，又缺少这方面经验，所以，问题还是出在了我的身上。”周小易已经学会将责任往自己身上揽的处理方式了。

“还是我做得不好。”杨欣欣也感到很不好意思。

“不说了，咱们继续。第四个维度，审察简历逻辑性。我们主要考虑两点：第一，求职者的教育与工作经历，与所应聘岗位的逻辑性，例如，一个海外留学人员，又曾担任过一些公司的高层领导，反倒跑过来应聘普通管理岗位了，这就需要注意；第二，求职者所取得的成绩与自身教育、工作经历的逻辑性，例如，一个采购人员居然能帮助企业完成很多销售业绩等等。”周小易说。

“采购人员完成销售业绩，有没有这种可能呢？”杨欣欣追问。

“有，但是我们在面试时，必须问明白是怎么回事，”回答了杨欣欣的疑问，周小易继续说，“第五维度，整体评估简历。这就有点儿筛选者的主观成分了。”

“这个比较为难吧！”袁书彬问。

“呵呵！这个判断需要经验，”周小易看了看两位新HR又问，“怎么样？知道怎么筛简历了吗？”

“大致了解了一些。”袁书彬说。

“不过，周姐，你有没有自己筛简历的独门秘籍呢？”杨欣欣还不满足于周小易所讲的内容。

**◎ 简历筛选的心得体会**

“好吧！刚才我讲的内容，属于常规的基本套路。接下来我再跟你们分享一下我筛选简历的一些体会吧！”看见两个人又做好了记录准备，周小易继续说，“我所说的肯定不是武林秘籍，也不一定对所有人都管用，只是个人体会，仅供参考。”

“呵呵！我们想听的就是这些体会。”两个人附和着。

**“体会一：给别人一次机会，就是给自己一次机会。**我觉得我们筛简历的HR，要始终有一种使命感和责任感。公司录用谁，我们说了不算，但是不录用谁，确实我们可以做主。可是，这个主，不是那么容易做的，很多人因为你的一点儿主观看法可能就失去了一次工作机会，也可能因为这，公司失去了一个优秀的人才。当然，失去这个工作机会不一定是坏事，也可能人家找到一个更好的工作呢！但是，我们必须慎重、耐心，**不要轻易放过每一份简历。”**

“哦，话题有些沉重啊！”杨欣欣说道。

“有点儿唱高调了吧！”周小易看了看两个人说。

“没有。我觉得挺对的。”袁书彬说。

**“体会二：不要试图找到全才或者超人。**即使我们有明确的岗位需求，但是，我们还是会在脑海中勾画一个完美的求职者形象，但请千万不要把这个形象作为你筛选简历的尺度。我们要允许求职者的不完美、错误或者失误。比如，有的HR认为，一个简历都会有错字的人，是不够认真的，就不应该予以考虑，我觉得只要不是质检人员，出点儿错误，也没有什么，关键是看他的能力素质与我们招聘的岗位是否相符。**不要因为一个瑕疵，放弃一个可塑之才。”**周小易说到结尾时，故意强调。



“嗯！这条我得记住。”袁书彬边写边说。

**“体会三：一个闪光点，胜过千言万语。**在筛选简历时，你也许会遇到这样的情况，一个人的教育、工作经历或者个人成就中的某一项与公司要求完全切合，但其他项目又都全部不符合。这时，我们还是尽量要给其面试的机会，以免错过一个人才。”周小易说。

“哦，看来我筛简历时，错过了好多哦。”杨欣欣自言自语道。

**“体会四：不要用与工作岗位无关的条件筛选简历。**我们必须确保每个被剔掉的简历都是因为不符合我们的岗位要求，而不是其他原因。我就曾听到有的HR说，他筛简历时，会把没有相片的、项目不完整的简历先剔掉，然后再筛选。其实，我觉得这是懈怠工作的一种表现而已。”周小易说。

“本来以为筛简历很简单，但没想到还有这么多说道。”袁书彬感叹道。

“周姐，其实，你刚才分享的心得体会，比你讲的筛选技巧还有用。”杨欣欣做两个鬼脸说道。

小易
管理感悟

筛简历，似乎并不准确，如果换成“寻宝”或更恰当。每个合格的求职者就如同散落在各个角落里的“钻石”。至于能否找到它，就要看筛选者有没有一双善于发现人才的“慧眼”了。

## 004 抢人大战，一触即发

**与人合作，不能只想着自己可能获得的利益或好处，还要想着对方能从中获得好处。如果提供给对方的利益未能超过竞争对手，则可考虑通过其他途径弥补或者帮助合作方解决其遇到的难题。如此，愿意与你合作的人就会越来越多。**

“同志们，我回来了。”刚一进办公室的门，杨欣欣就嚷嚷道。

“怎么样，欣欣？可有收获？”周小易关切地问。

“白跑了。”杨欣欣一边咕咚咕咚喝水，一边说。

“怎么会白跑了呢？”在周小易的计划中，M市中专可是最大的人才供给基地啊，如果这个基地丢了，后果不堪设想。

“哎！人家学校说了，今年的学生还没开始分配实习单位呢。咱们去早了。”杨欣欣解释道。

“哦，学校有没有说其他公司的动向啊？”周小易最害怕的就是自己的竞争对手跑到学校和自己抢人。

“和我一样被打发回来了。都是填了个表格，开始实习时，由学校根据各企

业的需求情况统一分配实习生。”杨欣欣把学校的意见原原本本地向周小易转述了一遍。

“好，你先休息一下吧！”很明显，各个企业抢人的步伐加快了很多，今年如果不能及时采取有效措施，像去年那样捡回来百十号人的事是不会有了。况且今年公司马上扩产，百十号人已经解决不了问题了。

得赶紧想个办法才行，周小易暗暗地提醒自己。可以找黄主任研究一下，不过，在此之前，自己还是应该有一些办法的，要不然，主管不就白当了吗？一番搜肠刮肚之后，周小易列出了几条应对措施（如图3-6所示）。

**抢人应对策略**

策略一：利用黄主任的关系，打探学校内部态度，设法获得支持；

策略二：与周边中专或技校联合办学；

策略三：赞助学校一些活动；

策略四：发挥校友力量，让其帮助招人；

策略五：平时加强与学校的联系和互动，避免临时抱佛脚。

**图3-6 抢人应对策略**

周小易看着自己写的应对策略，自认为还过得去，便去了黄主任的办公室。

“请进。”周小易敲了两下门后，办公室里传出了黄主任的声音。

“老黄，你们谈工作吧！我先走了，回头咱们再聊。”看见周小易进来，销售部经理马功成匆匆离开了黄主任的办公室。

“不好意思，打扰你们谈话了。”周小易说。

“没事，我们谈完了。我看最近面试的人明显增多了，看来你们工作还是很有成绩的嘛！今天来找我有什么事啊？”黄主任关切地问。

“有件事，我感觉不太好，所以想找您汇报一下。”接着，周小易就把杨欣欣去M市中专的情况复述了一遍，并说了自己的担忧。

“嗯！你的担心不无道理，”黄主任也觉得这是个问题，便继续问，“你想怎么办呢？”

“如果您方便的话，我想请您给学校的领导打个电话，即使不能敲定实习生的问题，也可以了解一下他们的真实想法啊!”周小易心想，幸好早有准备，与黄主任合作的时间长了，周小易对其管理方式已经比较熟悉了。

“好，我这就打过去。”黄主任很痛快地答应了周小易的请求。

一通电话后，问题变得清晰起来。M市中专今年可提供的实习生一共不到一千人，而各个单位希望接收的实习生远远超过这个数字。换句话说，现在M市中专手里的每一名学生至少有三家单位在等着，完完全全的供方市场。M市中专，一方面想多考察几家单位，选择最优的；另一方面也希望能够给每家单位都提供一些学生。毕竟，它也不想得罪哪一家企业。

“小易，有没有办法啊?”跟周小易沟通完电话内容后，黄主任问。

“他们要是平均分配，可就麻烦了。到时候如果和去年一样，就给咱们百十来个学生，咱们的人力缺口可怎么解决啊?”周小易又重新将问题描述了一遍。

“是啊!可是我们如何才能获得优先权，能让他们多提供一些实习生呢?”

“黄主任，你觉得和M市中专联合办学如何，到时候所有学生不就可我们先挑了。”周小易说出了自己的办法。

“这个，理论上可行，可是，这要投入大量经费的啊!联合办学可不是随便说说那么简单。况且，我们公司这两年处于上升期，需要大量的人力，如果过两年进入平稳期了，不再需要补充这么多人力了，又该怎么办呢?我们不能背负这样一个沉重的包袱啊。再说了，公司领导也不会答应的。”

“哦，看来这个措施是白想了。”

“其实，你也可以换个思路啊!联合办学不行，咱们可以向其申请，将咱们公司作为他们学校的定点实习基地啊。不光应届生可以来实习，就是刚入学的学生也可以来参观、实习，这样我想他们还是可以考虑的。”

“我怎么就没想到呢!”周小易又一次感受到了差距。

“我也是受你启发嘛!不过这件事落实起来，也不太容易，还需要你多跑跑。”黄主任把功劳又归到周小易身上了。

“嗯!我知道了。还有咱们能不能为学校的一些活动提供赞助呢?”周小易询问道。

“呵呵!可行，M市中专给咱们公司提供的实习生，实习期间工资很低，那么，我们向学校提供的赞助也就可以看成一种弥补方式喽!”

“领导也许会同意的。再说了，不同意就没有实习生了，那我们的损失就更大了。另外，我还想请咱们公司的一些M市中专毕业的校友回去现身说法，尤其是一些已经身处管理岗位的员工。”

“不错，你这个想法非常好。如果利用得当，效果也许会非常好。还有什么好建议吗？”黄主任鼓励周小易继续说下去。

“我觉得咱们现在的想法都有点儿临时抱佛脚的味道，我们是不是应该在平时就与这些技校加强互动，联合组织一些活动呢？”周小易试探性地说了自己的想法。

“好。这方面我会让苏米杭她们配合你们的。”黄主任十分认同周小易的看法。

“有她配合，就太好了。”

“还有吗？”

“没了。我的想法还很不成熟，其实很想听听您的高见。”

“我哪有什么高见啊！不过听你说了这些方法之后，倒是产生了一点儿想法。你听听看行不行啊？”



“您就赶紧说吧！”周小易赶紧拿出笔记本，做好了记录准备。

“第一，我觉得你还可以把眼光放得更远一点儿，不要拘泥于这一个学校，也不要拘泥于本市的学校，多去了解一下其他技校；第二，这些中专技校固然是学生不愁找工作，可是它们也有犯难的问题，我们如果能帮助其解决一些难题，那么，它们也会自然帮我们解决人力问题了。”黄主任一边想着，一边说。

“嗯！可是这些技校有什么难题啊？”周小易还是有些不理解。

“它们的生源问题，也不是那么乐观啊！”黄主任提醒道。

“可是，这个问题，我们又怎么能帮上忙呢？再说，现在这些家长普遍不重视技校，谁又愿意把孩子送到技校呢？”周小易说出了自己的担忧。

“你说的确实是实情。但是，你知道吗？在很多农村由初中进入高中的学生比例低得可怜。而我们公司的工人中，也有很多农村来的农民工，如果能让他们帮助宣传中专或技校的好处，也是能够帮助学校一点儿小忙的。”

“嗯！也是啊！很多农村来的工人，不就总是抱怨，一样的进厂时间，可是总没有这些技校学生拿的工资高、升职快。”周小易肯定了这个想法。

“其实，关键是我们肯为这些学校做点儿什么就行，至于能起到多大的效果或者起不起效果，那就是另一回事了。”

“明白了。一定要让合作伙伴看到自己的努力。”周小易点了点头。

“其实，我觉得你们招聘工作真正的挑战并不是这个，而是在后面……”

黄主任欲言又止……

### 小易管理感悟

当很多企业都在争夺技工院校有限的毕业生时，如果一味地在抢人上下功夫，可能会让企业付出较高的代价；反之，从技工院校真实的需求出发，解决其最希望解决的问题，那么，企业不仅不需要付出过高的代价，还可能获得与技工院校长久的合作关系，这就是所谓的“一举两得”。

## 005 短期招聘，长期规划

**很多偶然发生的问题，背后都有其必然的原因。有的人只是就一个问题的表象寻找答案；有的人则能够根据问题的表象寻找问题产生的根源，进而归纳、总结，找到终极解决方案。周小易努力的方向就是成为后一种人。**

“正好你们在一起，张总找你们两位呢。”财务部经理柴信芳从黄主任门口经过顺道喊了一声。

“张总找我们有什么事啊?”黄主任问了一句。

“还不是人的问题嘛！我们部门的贾墨怀孕了。”柴经理说。

“哦，我们这就过去，”黄主任看了周小易一眼，说了一句，“走吧！事来了。”

周小易跟在黄主任身后，向张总办公室走去。

“你们知道了吧？”看见黄主任和周小易进门后，张总直接问道。

“刚才听柴经理说了。”黄主任搭腔道。

“你们觉得应该怎么办呢？现在咱们公司到处都缺人手，还有小易，你们的招聘节奏一定要再快一点儿才行。”张总又对周小易说。

“嗯！我们一定抓紧。”周小易保证道。

“老黄，你们研究一下，看看是不是把贾墨辞掉。”张总说出了他的想法。

“这个恐怕不行，辞退怀孕员工是违法的啊！”黄主任说道。

“小易，有没有合法的途径辞掉怀孕女员工啊？”张总又问周小易道。

“这个，只有少数几种情况可以做到。”接着，周小易又详细地将公司可以与怀孕女员工解除合同的情况作了一下说明（如图3-7所示）。



**企业可解除怀孕女员工劳动合同的情况**

1. 怀孕女员工在试用期间，被证明不符合录用条件的；
2. 怀孕女员工有严重失职行为或营私舞弊的；
3. 怀孕女员工严重违反公司规章制度或劳动纪律的；
4. 怀孕女员工采用欺诈、胁迫等手段与公司签订劳动合同的；
5. 怀孕女员工被依法追究刑事责任的；
6. 怀孕女员工兼职对工作造成影响，并经劝说，拒不改正的。

注：第二项和第三项，需要有公司相关制度相配套，且必须出具相关证据、证明材料。

**图3-7 企业可解除怀孕女员工劳动合同的情形**

“嗯！看来想辞掉她并不容易啊！”张总嘀咕了一句。

“我们是不是再招一个出纳啊？这个职位的招聘应该比较容易。”周小易说。

“再招一个？你给发工资啊！”张总直接回了一句，又继续说，“你们人力资源部要注意，以后快到怀孕年龄的女员工少招，净给我们添乱。”

“张总，有些岗位还是这些人比较合适，所以，只能说尽量控制吧！再说，明确不招女员工也有就业歧视的嫌疑啊！”黄主任解释道。

“你们人力资源部也应该拿出一个具体的方案，来妥善解决这类问题。不能一有人缺岗就想招人，多招一个人要多支出多少成本啊！”张总明显还是有些生气。

“我们这就回去研究对策。”黄主任顺着张总的话说。

“你们回去好好研究一下吧！原则有三条：第一，尽量不要占用编制或新增员工人数；第二，降低新增费用；第三，减少招聘此类人员。”

“好，我们这就回去。”黄主任和周小易又返回了自己的办公室。

“小易，刚才你还有话没说完吧！”黄主任问周小易。

“是啊！我觉得张总也太那个了。女员工产假期间的工资是社保里的生育险支付的，又不是公司支付的，至于那么激动吗？”周小易不解地说。

“不管是谁支付的，没有公司愿意员工长期休假，因为这不仅影响工作，而且还会增加额外成本。贾墨产假期间的工资虽说是社保支付的，但是如果新招一个顶岗的，不要公司掏钱吗？再说，招个出纳虽然容易，可是，以后贾墨休完产假再回来呢？你又打算把新招的人怎么处理呢？问题一箩筐，哪有那么简单啊！”黄主任说。

“是，我也清楚，可我也是女生啊，张总当面说不再招女员工了，还是让我有些不好受。”周小易委屈地说。

“我清楚，但是你也要理解领导啊！还有，即使你有不高兴的地方，也不应该逆着领导说啊，**不给领导留台阶，就是不给自己留后路**，你懂吗？”黄主任显出了少有的严厉。

“这，好吧！下次我一定注意。”周小易也觉得黄主任有些反常。

“好了，不提这个了。咱们还是看看这件事怎么办好吧？”黄主任问。

“其实，**我觉得最好的办法是从总公司借调过来一个。”**周小易说。

“嗯！是个好办法，既不用花钱，又少了磨合的时间。如果总部没有人可调的话，我们能不能招个临时工呢？”黄主任总是喜欢用引导性的问题，来启发周小易。

“这个可能比较难。大部分人并不愿意签这种短期的合同。”周小易说出了这种办法的弊端。

“如果我们不签劳动合同呢？好像有一些公司就是这么做的。”

“这个隐患可能会更大，再说劳动法也不允许这样做。我同学所在的公司就出现了这样一个案例。他们招聘一名临时工，私下约定了工资，没有签订劳动合同。可是，当预定时间到了的时候，这名临时工拒绝离职，并且把企业给告了。因为企业与这名临时工之间存在事实劳动关系，且存续时间超过了一个月，视同签订无固定期限劳动合同。最后，公司不得不赔了一笔钱给这名临时工才算了事。”

“哦，看来咱们还真得好好研究一下。”

“是啊！稍有不慎就可能踩到雷区的。其实，出纳的问题相对容易解决，如果换成比较难招的岗位，让劳务输出公司给咱们派遣过来一个也是不错的选择。”

“那样是不是工资会稍稍高一点儿啊！”

“可能会比市价高一点儿，这不是应急嘛！当然，张总同不同意就不知道了。”

“嗯！你说的，也是可以来应急的。”

“有些基础岗位，我还有些不花钱的办法。”周小易有些得意地说。

“说来听听。”黄主任故意做出一副很有兴趣的样子。

“用实习生来待岗啊！绝对省钱，还不存在到期续约的问题。”



“不错。可是你有没有想过系统地解决这一类问题呢？”黄主任又继续问。

“系统性解决？”周小易有些不好意思地问。她清楚，自己所考虑的都是具体的一些解决方法，并没有往深层次去思考。

“现在你的职位是招聘主管，已经不是一个招聘专员或人事助理了，遇到问题，只想到多种解决方案还是不够的，必须建立系统的应对机制。”黄主任提醒道。

“哦，我确实没有想过。”周小易不好意思地说。

“那就回去好好想想吧！”看见黄主任开始处理别的事情了，周小易也就识趣地离开了。

回到办公室后，周小易也觉得有必要好好考虑一下这个问题了。并不是每一个空缺岗位集团那边都能给补上的。临时性缺员，并不是永久性的，也就意味着，过一段时间这个岗位自动会被填补上，那也就意味着，最佳的解决方案一定来自于内部，即不需要增加额外人员编制的方法。

**轮岗，似乎是一个不错的选择。不过，这种为了预防缺员而设计的岗位轮换与通常意义上的岗位轮换还是有些区别的。一些知名企业为了激发员工的工作热情，帮助员工更好地规划职业生涯会设计一些岗位进行**

轮换。

**现在周小易想采用的轮岗分为两种：一是主动轮岗；二是被动轮岗。**

所谓的主动轮岗，即公司针对个别核心岗位建立动态轮换机制或AB角色制度，为每一个核心岗位都建立固定的替补队员。这样，当某一岗位出现临时性缺员时，可以及时补足。当然，也应该考虑替补本身的工作强度，不能让替补队员长时间高强度工作。其实，在这种机制下，即使核心骨干员工离职，也可以使其对企业的影响降到最低限度。

所谓的被动轮岗，是指通过将岗位调整与绩效考核成绩相挂钩，当某一岗位缺员时，比该岗位高一级的岗位序列中，绩效考核成绩排名最后者自动替补该岗位。这更像是一种惩罚机制，不过，其只适用于基础性岗位，一些工作内容比较复杂的岗位明显不合适。

其实，无论采用哪种轮岗机制，都需要得到人力资源部经理的首肯，甚至是公司总经理的首肯才能通过。不过，对于建立岗位动态轮换机制或AB角色制度，周小易还是有把握获得领导认可的，因为，公司目前的情况，确实非常需要这种制度，尤其是一些技术研发岗位，更是迫切需要这种机制。

想至此，周小易将自己预防临时性缺岗的思路，绘制成了一张思维导图（如图3-8所示）。

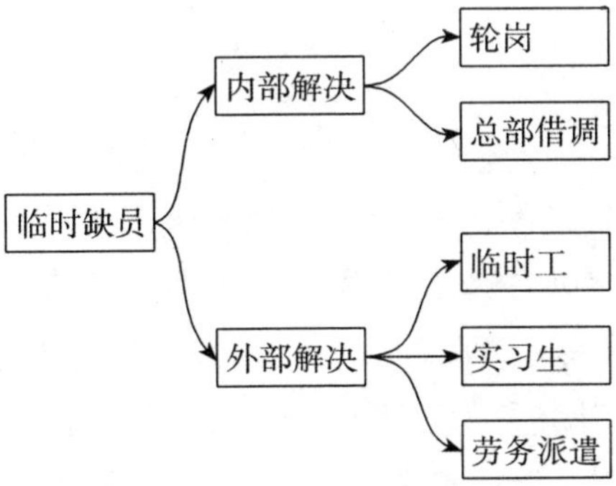


**图3-8　临时缺员的解决方案**

看着自己画出的思维导图，周小易突然发现一个事实：临时缺员问题的最佳解决方案是，不需要招聘。

不需要招聘，谁还要招聘主管啊！幸好这只是临时缺员的解决方案。

**小易管理感悟**

临时性缺员，是很多企业都会遇到的问题，自然解决方法也有所不同，不过，采用劳务派遣工的相对较多。选择劳务派遣工，可以排除很多法律障碍，但也需要在短期内支付相对较高的成本。



## 006 猎头，猎头

**激活身边人的关系圈，使之变成自己的人际圈。如此，人际圈将会成倍增长。**

黄主任的办公室。

“小易，集团已经同意暂调一个会计过来顶岗了。所以，贾墨休产假的事，就算过去了。不过，我对你提交的关于解决短期缺员问题的解决方案还是很赞同的。我看这样吧，你以人力资源部的名义，写一份关于轮岗和建立核心岗位AB角色制度的报告，然后让张总批一下！”黄主任嘱咐道。

“嗯！好的，我下周一之前肯定交给您。”周小易答道。

“好，不过有一件更棘手的事等着你呢！”

“哦，什么棘手的事？我觉得现在每一项招聘任务都挺棘手的啊！”

“呵呵！和这个任务比，都算不了什么。我告诉你，销售部马经理已经正式提出辞职了。”

“什么？”尽管之前周小易有所察觉，但是觉得有些突然。

“之前，我跟张总汇报过，也做了些马经理的工作，但还是没能挽回。”黄主任稍显失落地说。

“哎！我们马上增加一个销售经理的招聘信息。”

“你要有心理准备。我跟你说，咱们这个行业的销售经理可不好招啊！只有熟悉这个圈，而且还需有点儿人脉才行。一个订单就是几百万、几千万甚至上亿啊！现在又要开拓国际市场，现在各个企业都在拼命地抢人呢！”

“黄主任，要不咱们也尝试用一下猎头吧！只是用猎头的话，需要额外支付一笔费用。”周小易向黄主任建议道。

“只要能够招到合适的人，花点钱肯定没有问题，只是，猎头也未必能有效。当年咱们公司的这些部门经理都是集团董事长三顾茅庐从一个科研院所下属的公司挖来的，都属于稀缺性人才啊！”黄主任表示担心。

“哦，那我们能不能再去挖呢？”周小易问。

“呵呵！你以为人才是大萝卜吗？等着你去挖啊。”

“哦，哦。”周小易做出一副说错话的表情。

“要不你去调查一下，看看有没有猎头能给咱们提供合适的人选。”尽管并不看好猎头，但黄主任也没有别的办法了。

“猎头，猎头。”回到人力资源部办公室后，周小易一边念叨着，一边在网上搜索，希望能碰到合适的猎头公司。尽管每次提到招聘渠道时，总是不可避免地提起猎头，但是，真到要用时，却不知从何入手了。

“周姐，什么猎头啊？”袁书彬拿着刚刚挑选出来的简历给周小易时，听见她嘴里念叨的猎头，就随口问了一句。通过上一次的讲解，现在袁书彬筛选简历的水平有所提升，但是，为了以防万一，周小易还是要求他每次将筛选后的简历拿给自己看一下。

“哦，公司招人想了解一下猎头。可是咱们公司以前也没有和猎头合作过。”周小易说。

“那就找一个熟悉猎头的人问问呗！”袁书彬说。

“说得轻巧，你去找猎头公司，哪有一个说实话的啊？要是有个熟人可以打听就好了。”

“周姐，我有个师兄，以前倒是做过几年猎头，后来转行做咨询了。要不要我帮你约一下啊。”袁书彬试探性地问。

“可以啊！先问一句，你和你的这位师兄很熟吗？他叫什么名字？”

“当然。他叫杨俊敏，我们是老乡，而且他也在M市，还是他建议我给咱们公司投简历的呢。”

“那好，你赶紧约一下吧！看看他什么时候有时间，咱们一起聊一下。”

“好的。是不是什么时间都可以啊？”

“当然，时间、地点看他怎么方便怎么来吧！”周小易嘱咐道。

**◎ 猎头公司选择**

下班后，袁书彬把周小易带到了一艘游船上。M市，这个典型的江南水乡，每到傍晚时分，就是这些环城游船的繁忙时段。尽管在M市已经住了很久，周小易却一直没有乘坐这种游船游览过M市的夜景。

“书彬，这边来。”两个人刚登上游船，就有人向袁书彬招呼道。

“哎。”袁书彬看见杨俊敏在向他招手，便回应道。

三人见了面，一番寒暄之后，周小易便迫不及待地切入正题：“杨哥，你觉得我们公司的情况适合与猎头合作吗？”



“当然，不过猎头也分很多种，并不是每个猎头都适合你们公司的。”杨俊敏说。

“那该怎么选猎头公司呢？”周小易拿出笔记本做好了记录的准备。

“现在的猎头公司鱼龙混杂，在选择前，最好先确认选大品牌的还是一般品牌的，选全国性的还是地区性的，选综合性的还是专业性的（如图3-9所示）。”杨俊敏说。

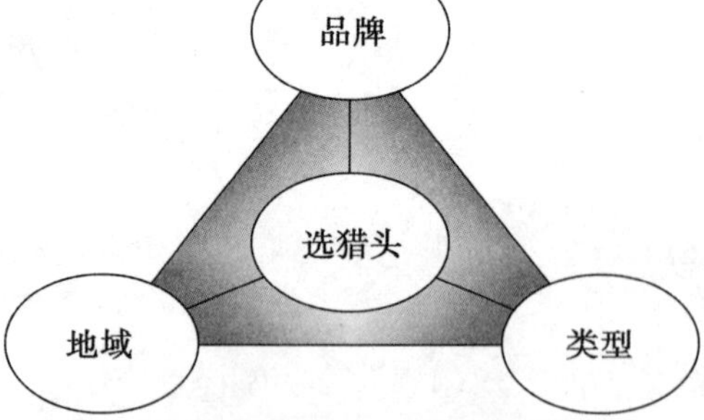


**图3-9　猎头公司选择的三个维度**

“嗯！按照这个原则，我觉得我们最好选择有点儿知名度的，且专业性的猎头为好。一般的猎头并不一定能招到我们需要的人。”听完杨俊敏的介绍后，周小易说。

“我也同意你的看法。每个猎头公司都会建有自己的人才库，像你们这类的企业还是选择专业的猎头为好。”杨俊敏肯定了周小易的看法。

“可是，我又该怎么判断一个猎头公司是不是真的具有一定的知名度和影响力呢？毕竟每个猎头公司都会宣传自己是很专业的、很有知名度的。”周小易说出了自己的担心。

“呵呵！你担心的不无道理。在猎头行业，有很多拉大旗作虎皮的企业，喊着行业10强、50强的，其实也就三两个人、一部电话而已，”杨俊敏稍稍停顿了一下，又继续说，“评估一个猎头公司是不是自己企业所需要的，可以从规模、专业深度、团队、成功案例以及试推荐情况等五个维度来考虑（如图3-10所示）。”

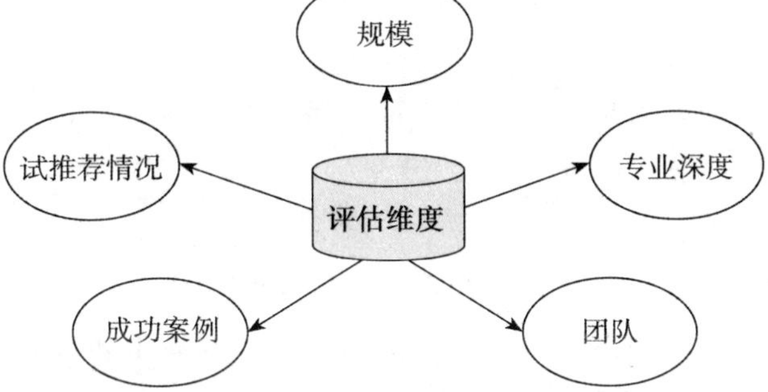


**图3-10　评估猎头公司实力的维度**

“哦，那猎头公司的规模该如何衡量呢？”周小易问。

“猎头公司和你们生产企业不同，如果一个公司能有50人以上，就算是有一定规模的啦！另外，如果能够在几个大城市都设有分公司或办事处也算不小规模的了。”杨俊敏回答。

“嗯！看来和我们这个行业比，就是毛毛雨啊！那专业深度，又该怎么衡量呢？”周小易继续问。

“你可以搜索一下这个公司比较知名的猎头顾问，看他有没有发表过什么文章或者出过什么书，现在很多猎头顾问都喜欢在网上发点儿东西的，这就可以帮助你判断他们的专业水平。另外，你还可以让他们帮助分析一下你们这个行业的人才现状。”杨俊敏说。

“如果不熟悉我们这个行业，恐怕分析起来还挺难的。”周小易说。

“那不正好检验他们对你们这个行业的关注度嘛！”杨俊敏说。

“团队，就是它的猎头顾问团队了吧?”周小易问。

“其实，你根本不用看它的什么猎头顾问团队，你只需了解服务你们公司的猎头顾问的实力就可以了。”杨俊敏说。

“一对一服务吗?”周小易问。

“不一定，但你一定要找一个一对一服务的公司。不要相信会有一个团队为你服务。切记，当很多人向你负责的时候，就是没人向你负责。只要能有一个比较资深的猎头为你服务就可以了。”杨俊敏解释道。

“哦，猎头顾问，不是都挺资深的吗?”周小易显然对这个领域还不太了解。

“呵呵！那不过是一种假象而已。其实，我大学刚毕业就进入了一家猎头公司，三个月后就已经成了资深的猎头顾问了。”杨俊敏说。

“哇！杨哥，你好厉害啊!”周小易表示十分钦佩。

“得了吧！那是因为猎头公司的大部分猎头都跟我一样，并不是像外界想象的那么资深。”杨俊敏解释道。



“原来是这个样子啊。”

“所以很多人都说，选猎头，关键在于选猎头顾问。”

“哦，明白了。成功案例有没有可能造假呢？我看很多咨询公司所列的服务客户里都有一些知名企业啊!”周小易说。

“呵呵！一般不会造假。只是有些虚张声势而已。比如你给某个大集团的一个分支机构做过咨询，就可能会宣传为这家大集团服务过。”杨俊敏解释道。

“原来如此。那我该怎么调查这一条呢?”周小易问。

“你可以多问一些细节性的问题，到底是集团总部还是分支机构很容易就浮出水面了。不过，能给集团总部服务的毕竟是少数，只要不是那种非常小的机构就可以了。咱们看重的毕竟是实力。”杨俊敏说。

“明白。”周小易表示认同。

“当然，有些时候为了获得一些真话，就不可避免地要说一点儿假话。比如，你也可以虚张声势地套一套猎头的话嘛!”杨俊敏说。

“呵呵！好。那试推荐，又是怎么回事呢?”周小易问。

“是这样的。很多猎头公司为了向客户显示实力和诚意，在正式签约前，会为客户企业推荐几个基层岗位人选。例如，你需要一个销售部经理，它可能给你两个销售主管或其他基层管理岗位的人选，主要是证明自身的专业水平和人才库的质量。”

“哦，要是它给我试推荐的岗位我们用了，到后面不和它签合同呢？”周小易问。

“这样不太诚信吧！我劝你还是不要这样想。猎头公司发现你不诚信的时候，就会把你这家公司作为猎取的对象，慢慢地你的高端人才就会被人家挖走的。”杨俊敏提醒道。

“看来不能搬起石头砸自己的脚啊！”周小易感慨道。

“当然了。猎头公司就是吃这碗饭的，你要是砸人家的饭碗，人家肯定也不会让你吃好饭的。”杨俊敏解释道。

**◎ 与猎头打交道需要注意的问题**

“可是，我若用猎头公司给我招来个人，它会把这个人再挖走吗？”周小易还有疑问。

“正规的猎头公司不会这样做，这也是坏名声的事。一般猎头公司会和客户约定，若干年之内，不会挖这个人。不过，你要清楚，这个人的资料可是一直在猎头公司的人才库里呢！”杨俊敏提醒道。

“哦，看来与猎头公司合作真应该多注意一些啊！”周小易感慨一番，又继续问，“可不可以这样做呢？同时找几家猎头公司，然后和它们约定，谁推荐的人才先被录用了，就可以获得相应的酬劳。”

“呵呵！如果这样说了，猎头公司是不会给你认真找人的，一般情况下，只有企业支付了定金后，它们才能启动相应的猎取工作。”杨俊敏说。

“哦，要是我们给猎头公司付了定金，最后猎头公司没有推荐成功，定金还能退吗？”周小易继续追问。

“除非有特殊情况，否则是不会退的。因为猎头公司已经启动了猎取工作，支付了相应的成本。”杨俊敏解释道。

“哦，那我们不是太亏了。”周小易表示不理解。

“如果在一段时间内，猎头公司没有成功猎取到合适的人选，会帮助企业重新分析候选人的应聘条件，以便及时做出调整。”杨俊敏说。

“哦，这还差不多。和猎头公司合作，价格肯定不低吧！”周小易想问得尽量详细些。

“当然，不过公司影响力不同、所猎取的职位不同，价格也不尽相同，”杨俊

敏又继续说，“一般情况下，有这样三种收费方式：一是固定收费式，如一次收取几万元的费用；二是以猎取职位两到三个月的工资为标准；三是以猎取职位年薪的一定比例为标准，如30%、20%不等。”

“哦，还真不便宜！还有个问题，不知道杨哥是否方便回答啊？猎头公司所猎的人都是从哪里来的呢？是从网上搜来的吗?”周小易觉得自己的问题有点儿不合适。

“呵呵！要是我没从猎头公司出来，我肯定是不会说的。从网上找人的，都属于二流的猎头公司。通常情况下，每一家猎头公司都会有自己的人才库，人才库的资料多是通过自己的人脉和业务拓展不断积累的，还有一部分是直接从竞争对手那里得来的。随着猎头公司规模的扩大，知名度不断提升，很多高级人才也会主动把简历投递给猎头公司。当然，猎头公司也会从网上跟踪一些高级人才的动向，遇到合适的人才会及时网罗到自己的人才库。”杨俊敏解释道。



“如果我要找的人，猎头的人才库没有怎么办呢?”周小易继续问。

“那他们就去寻访。通俗地说，就是去其他公司挖角。”杨俊敏说。

“哦，这个不地道哦。”周小易说。

“呵呵！所以啊，不地道的事，都是猎头做的。还有一类更不地道的呢！定向挖角。”

“定向挖角，又是怎么回事呢?”周小易问。

“由客户公司指定挖角的范围、公司，乃至某个人，再由猎头公司去挖角。”

“呵呵！太不厚道了，不过，应该有很多公司会喜欢的。”周小易说。

“当然，这类业务存在就说明还是有很大市场的。”杨俊敏说。

**◎ 猎头的服务跟踪与合作**

“看来找到一个好的猎头公司后，我只需等着吃现成的就行了呗！”周小易问。

“很多企业招聘人员都有你这样的心态。其实，与猎头公司签订合同，把招聘要求交给猎头只是这个工作的开始，后面还需与猎头多沟通、交流，尤其是当招聘进行得不顺利时，更需要不断沟通。”杨俊敏提醒道。

“哦，这有用吗?”周小易问。

“你不沟通有用吗?”杨俊敏反问了一句后，又继续说，“很多看似不可能完成的工作，都是在不断的沟通中完成的。”

“都需要沟通点儿什么内容呢?”周小易有些不好意思地问，“是不是我这个主管很菜啊！不过我确实没接触过猎头。”

“呵呵！我很欣赏你的坦诚。在合作过程中，需要与猎头顾问沟通的内容包括这样几方面：第一，目前，推荐人才与实际需要人才之间的偏差；第二，未来推荐人才需要优先考虑的方向；第三，询问猎头顾问在人才寻访中遇到的困难等。”杨俊敏解释道。

“也就是说，有时候我们也得帮一帮猎头公司。是不?”周小易问。

“呵呵！不是帮猎头公司，而是在帮自己。早一天招到人，得利的是你们企业。”杨俊敏提醒道。

“哦，呵呵！习惯了。看来这种思维模式也该改一下了。”周小易说。

“如果与猎头关系搞好了，还可以让猎头帮你做这样几件事：第一，关于薪酬问题。很多时候，企业不便直接询问被猎人员的原工资，但可以通过猎头去了解。第二，背景调查。企业还可以利用猎头对所猎人员进行详尽的背景调查，以免用人不当。”杨俊敏说。

“可是，猎头会帮着企业吗?”周小易问。

“这就要看你的功夫做到什么程度了。一般情况下，企业如果能够与猎头维持长期的合作关系的话，猎头肯定也会多为企业着想的。这和处理人与人之间的关系如出一辙。”杨俊敏解释道。

“呵呵！今天可真是受益匪浅啊!”周小易不禁感叹道。

之后，三个人又闲聊了些别的，不知不觉，已经快十一点了。从游船上下来时，周小易去结账，却发现杨俊敏早就签过单了，不禁感慨自己还是有些嫩啊!

对于周小易来说，今晚的收获无疑是很大的，让她对猎头和与猎头合作有了一些了解，但是，更让她欣慰的是：**发现了一种扩展人际圈的方法，即激活身边人的关系圈，使之变成自己的人际圈。只有这样，自己认识的人才会逐渐多起来。**

小易
管理感悟

猎头，并不一定是有需求时才要去接触。多和猎头接触，学会站在猎头的角度思考问题，不仅对招聘工作有所帮助，还能让自己学会跳出自己的工作来看待工作。



## 007 业务员招聘，何其难

**绝对完美的解，只存在于教材中。在职场中，也许很多问题，根本就不存在完美的解。我们的目标，就是寻找到一个大家能够接受的解。**

**很多看似无解的问题，只要耐心而深入地分析，并不断挑战其假设，还是有可能获得一个解的。当然，这个解，也许并不完美，但有解，就比没有解强。**

经过近半个月的调查和筛选，最终由张总拍板，SN公司和上海的一家猎头公司签订了一份长期的合作协议。至于能否如愿招到理想的销售经理，周小易心里并没有底，但是，面对众多竞争对手的人才争夺战，选择一家猎头为自己助战，似乎也是一个不错的选择。

想想最近各部门的人员招聘工作都有了些起色，至少参加面试的人不少，办入职的也不少。看起来自己的工作还是有点儿成绩的，不过，周小易隐隐觉得，好像哪里不太对。

“小易，这么悠哉啊！”销售部副经理李珂进门看见周小易正在喝咖啡，便调侃道。李珂，曾在其他公司做过销售主管之类的职务，虽然进入公司比周小易晚，但工作经历却比周小易丰富得多。本来，这次销售部马经理辞职，他觉得是上位的一次绝佳良机，但是，看见高层毫无提拔他的意思，心里虽然有些小情绪，可还是能过得去。黄主任也明白他的心思，特地在请示张总后，让他暂代了销售部经理的职务。

“李经理啊！什么风把你吹来了。”周小易也时常和他开玩笑。

“打住吧！我是副经理，现在这顶官帽是借的，过不了几天就得还人家了。”说话时，透露着一丝酸味。

“呵呵！不借这个官帽，不也是经理吗？”周小易安慰道。

“看来咱是没有扶正的福气了。谁让咱关系不够硬呢，”李珂一边摇着头，一边又继续说，“还是说点儿正事吧！我们部门业务员的招聘怎么还是没有起色啊？你不也让我面试了几个吗？最后怎么都没来啊？”

“哎！还不是嫌咱们固定工资太低了嘛！人家不愿意来。”周小易也很无奈。

“能不能和领导说说，调一调工资呢？总招不上人怎么行呢？业务员又不能从其他岗位轮岗过来。你们可得抓紧点儿啊！别等新的部门经理到任了，业务员还不齐就不好了。你说是不是啊？”李珂说。

“我一定抓紧想办法。”周小易也知道再拖，对谁都不好。

送走李珂后，周小易把自己的两位下属叫了过来，想一起研究个解决方案。但是，讨论的结果，还是和她自己想的相差无几。

无奈之下，周小易尝试在白纸上列出业务员招聘困境形成的原因（如图3-11所示）。

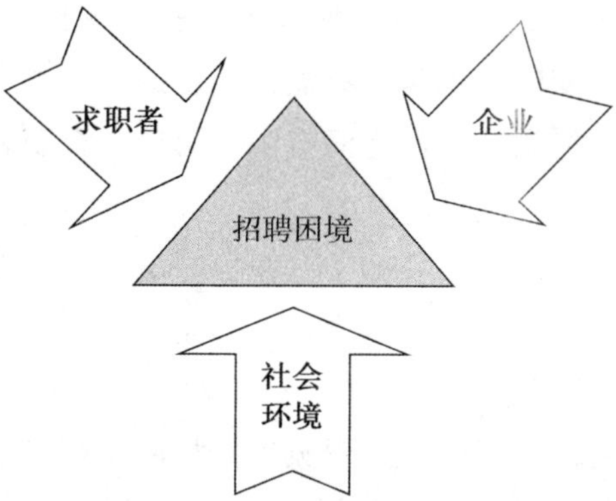


图3-11　招聘困境形成的原因

**首先，从社会环境分析。**

在我们这个社会里，并没有形成平等的职位观。大众普遍对销售员、业务员的职业存在一定偏见，这也制约了很多优秀的求职者进入这个领域，形成了“招人难”。同时，一些优秀的业务员或销售员在时机成熟时，又进入了更高层次的工作，进一步导致这个行业的“留人难”。

**其次，从企业角度分析。**

按理来说，如果企业将工资制度中的“低底薪+高提成”改为“高底薪+高提成”就可能对很多求职者构成吸引力，但从企业激励动机以及成本因素等方面考虑依旧是不太可行的。第一，高底薪，固然可以吸引新人加入，但对业绩好的老员工就容易挫伤其积极性，一个优秀老员工离职的损失要比少招几个新员工还要大；第二，很多求职者选择从事销售行业，其实自己并未考虑成熟，因而，在进入企业最初的几个月内，一旦遇到困难，大部分新人会选择离职。也正因如此，企业为了节约成本，不得不降低新员工的底薪。

**最后，从求职者角度分析。**



每个人都希望获得稳定而较高的收入，但销售行业却是一个充满挑战和风险的领域。从理论上讲，每个投入销售行业的人都应做好失败的准备，但是，现实却是，很多人并没有认真准备和思考，只是觉得销售员或业务员门槛低，容易获得工作机会，很少有人做好了挑战的准备，正因如此，如果他们面对的是一个不熟悉的行业（太阳能行业更是典型代表），加上一份较低的固定薪水时（“低底薪+高提成”是很多企业销售员工资的标配），就会倍感不安，甚至选择逃离。

对三方面分析完成后，周小易重重地在本子上记下了这样三个要点：**第一，社会环境是我们无法改变的，也是没有能力改变的；第二，企业制定的薪酬政策彻底改变很难，充其量能微调，但空间有限；第三，求职者追求安全、稳定这一点也是不能改变的。**

看来挑战还是很大的。周小易扫了一眼办公室的两个同事，可能真指望不上他们了，还是去找苏米杭聊聊吧。苏米杭，可是周小易的死党，两个人一起进入集团公司，又一起被分配到了SN公司，今年又同时被提拔到了主管岗位。

“米杭，忙着呢？我需要帮助。”看见苏米杭刚刚撂下电话，周小易便问道。

“亲爱的，我也需要帮助。”看了一眼周小易，苏米杭笑着说。

“别开玩笑，我说的是真的。看看你有没有好办法。”周小易说。

“说说看。能不能帮上就不好说了。”苏米杭提前给周小易打好了预防针。

接着，周小易就把自己遇到挑战原原本本地和苏米杭说了。“唉！我真想不出什么好办法啊！一方面，找工作的人想要稳定和安全感；另一方面，企业又给不了高工资，不足以让其感到安全。这真是一对不可调和的矛盾啊！”周小易说。

“我虽然不知道怎么办，但是从你说的这对矛盾上看，可能还是有解决方法的，即使不能完全解决，也可以适当地缓和一下这对矛盾。”苏米杭说。

“哦？快说说看。”周小易说。

“求职者需要获得的是安全感，那么，企业能不能在工资以外的方面给予其安全感呢？”苏米杭提示道。

“嗯，有道理。还有呢？”周小易继续追问。

“没有了。”苏米杭一摆手道。

“好的。我回去再好好琢磨一下。”周小易回到自己办公室后，又开始重新审视业务员招聘的问题。周小易重新梳理分析过程：

求职者的不安全感来自几方面呢？第一，我们这个行业具有一定的特殊性，一个不熟悉这个行业的人，很难获得安全感；第二，害怕新人在短期内难以获得业绩；第三，底薪太低，自己难以获得高收入。

看着求职者不安全感形成的三个方面，周小易又进一步分析到：如果企业能够针对销售新人提供比较完善的培训，使其全面了解这个行业，那么，他的第一个不安全感便可以消除很多；如果能够以公司新人成长故事为案例，向这些求职者现身说法，那么，他们的第二个不安全感也会消除一些的；至于第三个，如果求职者自信能够获得一定的业绩，也就不太会介意底薪的多少了。

看来这个题还是有解的，至于能得多少分，就要看求职者和招聘人员的发挥了。不过，针对销售新人的培训体系确实应该规范起来，毕竟现在还不太正规。想着想着，周小易觉得自己有些跑题了，毕竟自己现在只是招聘主管，已经不负责培训了。

**通过这件事，倒是让周小易明白了这样一个事实。很多看似无解的问题，只要耐心而深入地分析，并不断挑战其假设，还是有可能获得一个解的。当然，这个解，也许并不完美，但有解，就比没有解强。**

## 小易管理感悟

业务员招聘难题，很难通过一两个措施解决，只能尽力去缓解。不过，如果能够理清内部关系，建立完善的新人培训体系，帮助新人平稳度过入职之初的困难期，并通过企业内部业务员的示范效应，则可吸引更多的优秀人才加入。

# 第4章

# 选人，也要讲科学

时间、成本、质量都是设计甄选程序、选择甄选技术时必须考虑的。诚然，任何一套甄选技术都可能发挥某些积极的作用，但是，还要综合考察其负面效果以及企业的现实条件与需要。

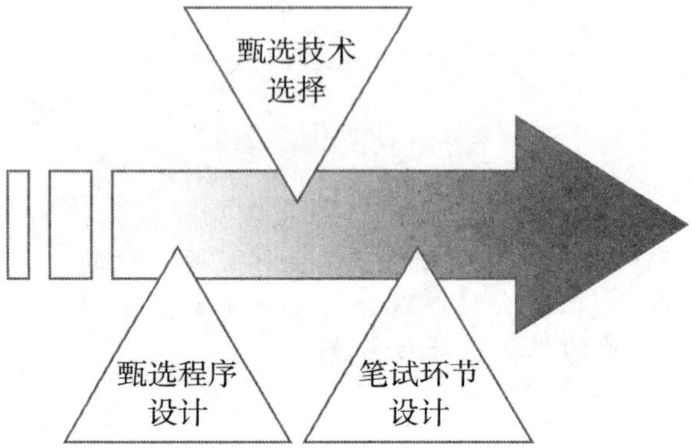
甄选技术
选择
甄选程序
设计
笔试环节
设计

## 001 人招来了，问题又来了

**工作当中的事，有些看似简单，却又十分繁琐；相反，一些看似繁琐的事，解决起来却又十分简单。**

“周姐，今天的总经理办公会，让你去参加一下。”周小易刚到办公室，袁书彬就把刚才黄主任电话内容告诉了她。

“知道了。”周小易清楚，通常情况下，总经理办公会是轮不到她这个小主管参加的，只要让她去，就没有什么好事。按说，最近招聘工作也还是有了一些起色的，来公司面试的人也明显增多了，入职的员工也多了很多。这次，又有什么问题呢？周小易心里忐忑不安。临去参加会议前，周小易还特意让袁书彬把最近一个月的有关人员招聘的数据信息整理一下，以备所需。

会上，张总和几位副总的讲话，周小易都没有听清楚，只是一个劲地猜可能涉及自己的内容。

“我们最重要的问题，还是人的问题。小易，你把最近招聘工作的开展情况介绍一下吧！”张总突然点名道。

“哦，好的。”周小易心想，幸好自己有所准备。

“本月我们共发布招聘岗位信息55条，接收简历和求职申请表1 188份，面试了343人，其中，成功入职78人。”周小易觉得自己的工作还算可以的。

“嗯！还算可以，但还要继续努力，咱们缺员仍然很严重。另外，还要和猎头公司经常沟通，尽快招到合适的销售经理。”张总指示道。

“好的，我们一定继续努力。”周小易保证道。

“小易，我给你们提点儿意见啊！”仓储部经理管仓笑着说。仓储部经理一向很少在会议上发言，没想到第一次提意见就是对着招聘工作来的。

“管经理，您请说，有问题，我们一定改进。”周小易客气地说。

“你们的成功入职人数好像有点儿问题吧！上个月你给我们部门招了两个管仓库的，现在都跑了。这能算你们招聘成功了吗？”管经理说。

“现在我看是，想要的不想留，想留的不合适，合适的留不下。”质检部严经理有点儿阴阳怪气地说道。

“哦，这个？我们再找一下原因吧！是我们工作做得不到位！”严经理的语气

让周小易十分不舒服，但周小易还是强压着火气，学着先把责任揽到自己身上，以免矛盾激化。

“我不是批评你的意思，只是看看能不能提高一下人才的选拔质量，不要把不合适的人招进来。当然，面试时我也参加了，这个我们也有责任。不过我觉得人才选拔的事，毕竟你们人力资源部门比较专业。”管经理说。

“谢谢您的提醒。确实，我们前一阶段把精力都投入到招人上了，对选人这块关注得较少，下一阶段一定重点改进。”周小易答应道。

“小易啊！人才招聘与选拔，可是一件大事，不能马虎啊！虽然现在我们缺人，但也不能把不合适的人招进来。老黄，你是不是再多费点心啊！”张总指示道。

“张总，本来这些都是我们人力资源部的事情，我责无旁贷。散会后，我会和小易研究一个解决方案的。”黄主任说。

“好，我们也要‘不拘一格用人才’，只要有能力，我们就要敢用。”张总强调道。

回到办公室，周小易一边喝着咖啡，一边看着外面来来往往的运输车，脑海里不断重现严经理的那句话——“想要的不想留，留下的不合适，合适的留不下”。要是在以前，可能周小易会毫不犹豫地提出引入人才测评与甄选技术的建议，但是，现在，她觉得一切问题好像都不能如此简单地给出答案。**工作当中的事，有些看似简单，却又十分繁琐；相反，一些看似繁琐的事，解决起来却又十分简单。**

想要的不想留：说明我们企业的薪酬没有吸引力，还是我们的薪酬谈判比较失败呢？

留下的不合适：说明我们的人才甄选技术确实有待于改进。

合适的留不下：说明我们的留人机制有问题，还是求职者对企业了解过少呢？

“周姐，想什么呢？”给周小易送简历的袁书彬问。

“哦，没什么！想想怎么能提高咱们的招聘质量，”周小易随口说了一句，又接着问，“书彬，你统计过咱们公司最近一段时间办理入职后又离职的人数吗？”

“哦，我的笔记本上有记录，等一会儿我查一下。”袁书彬回复道。

“好，一会儿拿给我看看。”周小易提醒道。

“好的，稍等。”袁书彬答应道。

“周姐，你先看一下这张表格。”过了一会儿，袁书彬把一张数据图表交给了周小易（如图4-1所示）。

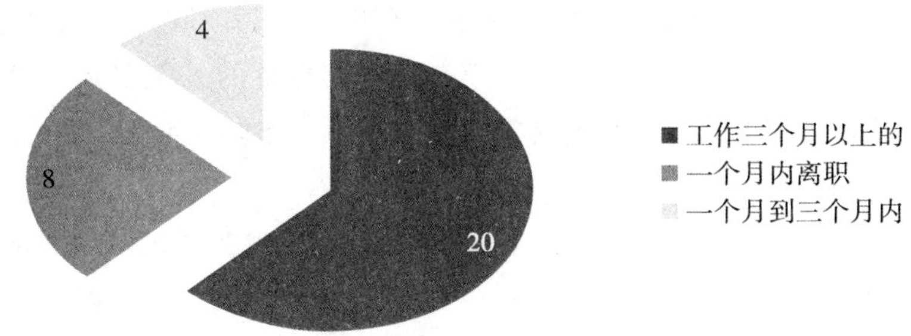


图4-1 入职后短期离职人数与招聘总人数对比

“这是三个月前入职人员的跟踪数据。最近两个月入职的员工也多有离职者，只是还没有最终的统计数据。”袁书彬解释道。

“嗯！三个月内离职人数占比达到37.5%。”周小易觉得需要做点儿什么了。毕竟，这么费劲招到的人员最后又流失了，浪费的时间成本也是很大的。

“周姐，刚才搜集这个信息时，我又顺便统计了一下咱们公司通知录用人数和实际到岗人数的数据。”说着，袁书彬又把另一张图表交给了周小易（如图4-2所示）。

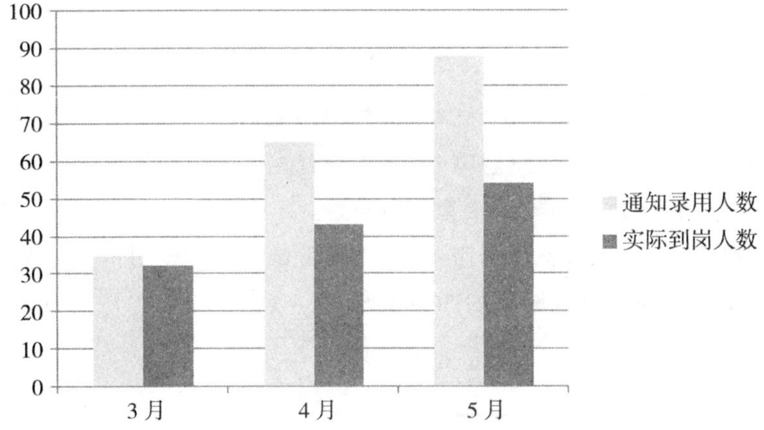


图4-2 通知录用人数与实际到岗人数

“哦，这张图表的数据你是怎么得来的啊？”周小易问。

“是这样的。你每次让我电话通知入职的人员名单我都有记录的。很多人，我通知人家入职的时候，人家都不来咱们公司，这时，我们要么需要重新招聘，要么就退而求其次啦！”袁书彬解释道。

“哦，不错，你的这张图表对我帮助很大，这个细节我以前都没有注意过。”周小易不由得表扬了一下这位HR新手。

“是吗？其实，我都不知道这张图表有没有用。”袁书彬不好意思地说。

“这张图表至少告诉我们三件事：**第一，我们想要的人很多是不愿意来的；第二，我们招进公司的人很多是备选方案而不是第一选择；第三，我们有很多人力成本浪费的问题。”**周小易看着图表说。

“哦，这些我都没有想过，只是觉得，这里应该有可改进的空间吧！”袁书彬说。

“嗯！我们一起来研究一下吧！”周小易又把杨欣欣叫过来，详细地在办公室白板上列出了现在招聘工作所面临的问题（如图4-3所示）。

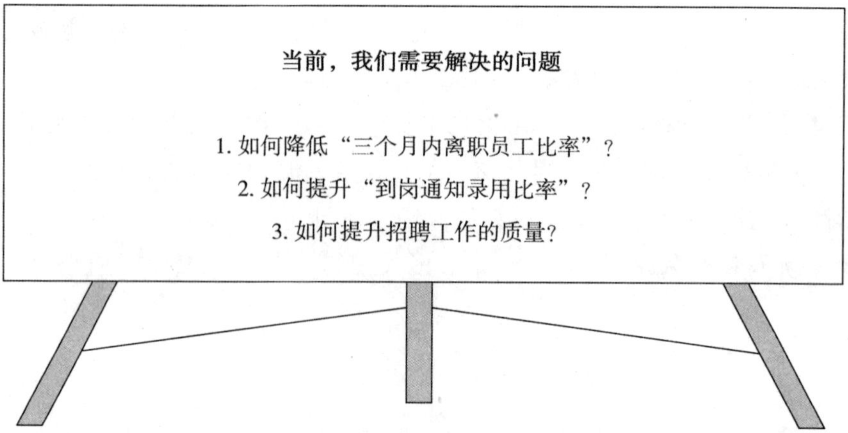


**图4-3　招聘工作亟待解决的问题**

“看看这三个问题，作何感想啊？”周小易首先发问。

“呵呵！挺困难的啊！”杨欣欣看着白板说。

“好，我们一点一点来整理思路。”周小易尝试着用所学过的问题整理方法来引导两位同事思考和解决问题（如图4-4所示）。

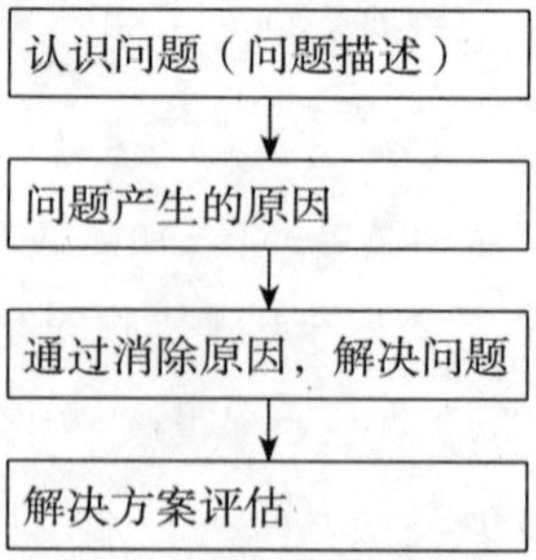


**图4-4　问题解决路径**

“首先，我们再看一下这三个问题。”周小易提醒道。

“降低‘三个月内离职员工比率’，为什么是三个月而不是四个月或五个月呢？”杨欣欣不解地问。

“通常情况下，一个新员工到底是否适合一个岗位或公司，三个月内就可以有答案，而且，咱们公司很多岗位的试用期是三个月，所以，如果能够顺利转正的员工，就可以认定招聘成功了。”袁书彬解释道。

“不合适有几种情况呢？”杨欣欣不停地问一些看似“小白”式的问题。

“怎么连这个都不清楚啊？有的是因为员工嫌弃岗位、公司、领导或者工资等原因走了；有的是公司认为这个员工不合适给辞退了。”袁书彬帮忙解释道。

“哦，不好意思，我太外行了。”杨欣欣捂着嘴说。

“没什么的，欣欣。你尽可大胆地发问，什么问题都可以提。你的一些看似外行的问题，也许能够帮助我们找到正确的答案。你还可以继续探究问题形成的原因啊！”周小易鼓励道。

“哦，是吗？”杨欣欣又继续说，“我其实还想说，按照书彬的解释，我觉得这个问题应该一分为二地看形成的原因：一是，我们的人才甄选存在问题；二是，求职者对我们还是不够熟悉。”

“哦，你想得比我还深啊！我也觉得是这两方面原因促成的问题。”袁书彬附和道。

“嗯！很好，咱们再看第二个问题。”周小易对这种讨论问题的效果非常满意，又继续引导道。

“到岗通知录用比，是指实际到岗人数占所通知录用人数的比例。”袁书彬看杨欣欣又要张口问，便先回答道。

“呵呵！通俗点说，就是咱们这边面试通过了，人家不来了呗！”杨欣欣说。

“完全正确。”袁书彬说。

“那就是咱们吸引力不够或者让人家失望了呗！”杨欣欣说。

“嗯！你们觉得具体原因有哪些呢？”周小易继续发问。

“薪酬太低，或者等通知时间太长也有可能哦。”杨欣欣说。

“对，这也是事实。我通知他们来上班时，很多人就说他们已经到别的公司上班了。”袁书彬补充道。

“嗯！薪酬谈判，这块还要加强一下。还有，尽量压缩求职者的等待时间，毕竟我们不是大公司，人家不可能为等我们的通知而放弃别的工作机会。”周小易解释道。

“很多人就是喜欢广撒网。”袁书彬说。

“广撒网，也没啥不好啊！”杨欣欣针锋相对。

“呵呵！你们不要争了。广撒网是一种社会常态，正确与否，我们都是改变不了的。所以，我们只需改变我们能改变的，接受我们不能改变的，”看见他们又要跑题了，周小易赶紧把话拉回来，又继续提问，“你们觉得应该如何提升招聘质量呢？”

“我觉得前一阶段我们把精力都用在扩展渠道上了，接下来该规划一下人才甄选工作了。我们不能老是拿着这张面试试题卷考所有求职者吧！”袁书彬拿着SN公司的面试试题卷说。

“呵呵！不错，当时这只是一个权宜之策，现在明显不合适了，我们确实该重新梳理一下面试程序了，”周小易又问，“你们觉得通过规划面试程序和改善甄选技术，能够解决上面的三个问题吗？”



“我觉得不可能全部解决，不过还是会有一定效果的。”杨欣欣说。

“嗯！关键还是看甄选技术选择的情况。”袁书彬说。

说着说着，下班的时间到了。

袁书彬和杨欣欣走后，周小易又独自将讨论的内容梳理了一下，列出下一阶段需要重点解决的问题。

**第一，甄选程序设计（让求职者多了解一些企业信息）；**

**第二，如何选择甄选技术；**

**第三，甄选技术应用。**

写着写着，周小易突然想起之前师姐齐依阳说的三个问题来了，现在自己已经不知不觉地过渡到“如何招到合适的人”这个环节了。

原来，有些问题光靠想是想不出答案的，实践出真知啊，周小易不禁感叹道。

小易
管理感悟

甄选程序设计、甄选技术选择以及甄选技术应用的熟练程度都会对甄选效果产生重要的影响。招聘人员在规划甄选技术时，需要慎之又慎。

## 002 甄选程序设计的讨论

**适合的才是最好的。一种理论或方法好不好，关键是看能否行得通、能否取得预期效果。**

“周姐，有空吗？”周小易刚刚忙完手中的工作，袁书彬走过来问。

“什么事啊？”周小易问。

“关于人才甄选工作，我有点儿想法，想和你说说，就怕不对。”袁书彬不好意思地说。

“好啊，说出来大家一起讨论讨论，没有什么对不对的。”周小易鼓励道。

“我觉得咱们公司的面试太简单，也太不规范了，能不能改进一下呢？”袁书彬试探性地问道。

“嗯！我也正在考虑这件事呢。说说你的想法。”周小易说。

**◎ 完整的甄选程序**

“我觉得我们也应该像那些大公司一样，建立相对完善的甄选程序。”说完，袁书彬径直走到办公室的白板前画了一个人才甄选漏斗图（如图4-5所示）。

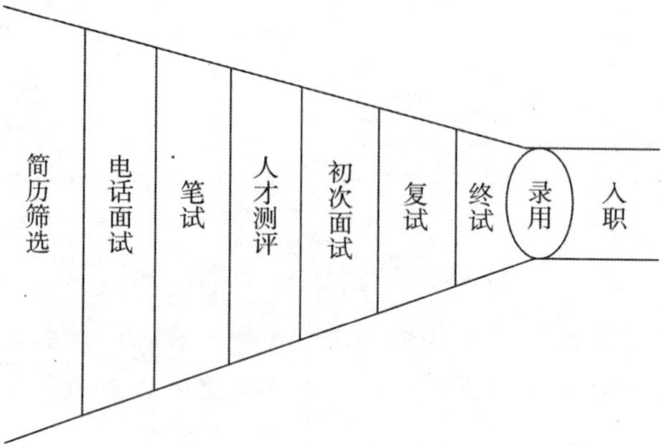


**图 4-5　人才甄选漏斗图**

“哇！这么多环节啊！”凑过来的杨欣欣惊讶道。

“很多大公司比这个还要多呢！它们的面试可能有四轮，甚至更多。”袁书彬说。

“周姐，咱们真的要搞得这么复杂吗？”杨欣欣问周小易。



“欣欣，说说你的想法吧！”看着袁书彬所画的人才甄选图形，周小易想到了自己刚入职的那段时间，也经常向黄主任提出过这种理论上可行却无法执行的建议。不过，周小易觉得袁书彬这种精神还是应该鼓励的。新人嘛，不都是喜欢把书本上的东西搬到实践中来嘛！

“我觉得环节太多了，没有必要吧！”杨欣欣说。

“可是，这是很多专家给出的最科学的人才甄选程序啊！也是为了防止把不合适的人招进来嘛！”袁书彬解释道。

“这个？周姐，你看呢？”杨欣欣一直摇着头，很无奈地看着周小易。她清楚，自己的专业知识几乎等于零，是不可能说服袁书彬的。

**◎ 甄选程序是否合适**

**“一种理论或方法好不好，关键是看能否行得通、能否取得预期效果。”**周小易也学着黄主任的腔调说。

“周姐，你的意思是，这个程序在咱们公司行不通？”袁书彬说。

“我给你几个评价指标，你对照一下，看看行不行吧？”周小易说着话，在白板上列出了四类评价指标（如表 4-1 所示）。

表 4-1　　　　　　　　　　　　　**甄选程序适用评价表**

| 评价维度 | 评价指标 |
|---|---|
| 时间 | 甄选所需时间<br>岗位空缺时间 |
| 成本 | 甄选所需投入的人力、材料成本 |
| 客户 | 求职者愿意等待时间<br>甄选率 |
| 效果 | 甄选程序是否能够达到预期目标 |

“哇！好多指标啊！评价一个工具能不能用都需要用这么多指标吗?”看着周小易列出的这些指标，杨欣欣又一次露出了惊讶的表情。

“当然不用，不过，你需要用这些指标来梳理自己的思路。”周小易解释道。

“如果按照袁书彬所设计的甄选程序，那么，整个甄选过程所需的时间肯定会非常长了。”杨欣欣说。

“嗯！也不会长很多，我们可以把这几个环节压缩，比如第一轮面试之后，第二天或当天就进行第二轮面试。”袁书彬说。

“那也要多花不少时间的！岗位空缺时间，指的是什么啊?”杨欣欣问周小易。

“如果一个岗位空缺时间很长了，那么肯定是希望快速到岗的，就可能不允许花太多时间进行甄选了。”周小易解释道。

“哦，咱们公司很多岗位都是这种情况哦!”杨欣欣调皮地看了看袁书彬。

“我想有些岗位可以特事特办嘛！不过，还是要坚持走完整个流程的，毕竟甄选的质量才是关键。”袁书彬强调说。

“好，那你的甄选成本肯定会很高吧！投入那么多的人力还有材料，没准还需要购置某些测评软件呢!”杨欣欣故意抬杠道。

“嗯！成本确实有所提升，但我觉得还是值得的。”袁书彬有些不自信了。

“客户维度，‘求职者愿意等待时间’，这个才是关键。书彬，你觉得呢?”杨欣欣把和袁书彬抬杠当成了一种乐趣。

“嗯！可能是我欠考虑了，很多求职者是不可能等我们公司很长时间的。”袁书彬明显有些露怯了。

“哦，这个样子啊！甄选率，又是个什么东东呢？周姐。”杨欣欣又问周小易道。

“甄选率，是指求职者投送简历数与招聘人数的对比。如果这个比率在3：1以下，那就说明，企业可甄选的空间很小。”周小易解释道。

“哦，我们企业的比率大约是多少呢？”杨欣欣问袁书彬道。

“有些岗位可能连1：1都不到。”袁书彬说。

“哦，看来我们可挑的人太少了！”杨欣欣感叹了一下，又继续说，“有些岗位也蛮高的吧！像咱们这种事务管理类岗位。”

“可不嘛！当时入职时竞争还是很激烈的。”袁书彬道。

“这套甄选程序能否达到预期目的呢？”杨欣欣看似自问，实际上还是在问袁书彬。

“其实，还是要取决于甄选技术和面试官的水平。”袁书彬彻底没脾气了。

“哦，那看来这套程序也没啥用啊！呵呵！”杨欣欣说。

“也不尽然。这些步骤至少可以让我们明确甄选的过程，即使有些环节现在没用，将来公司大了，也会用到的。”周小易替袁书彬打圆场道。

“周姐，你的意思是，这套程序还有可用之处？”袁书彬似乎看到了一点儿希望。

“我觉得只要稍作变通，还是可以用的。”说着，周小易把袁书彬画的人才甄选漏斗图进行了一番改进（如图4-6所示）。

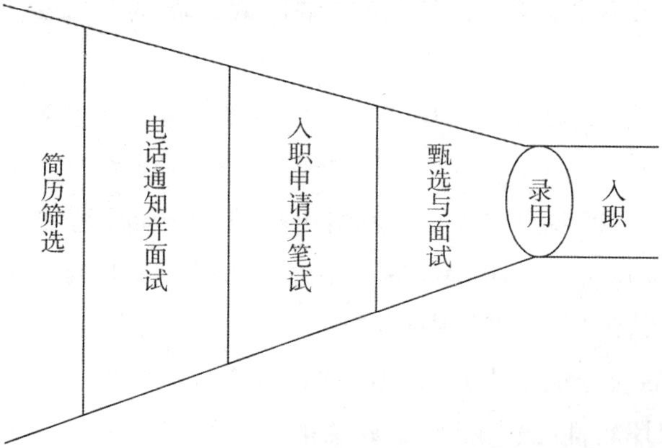


**图4-6　人才甄选漏斗图**

“合并了？”杨欣欣问。

“我们需要根据岗位特征建立相应的甄选程序，而不能一概而论。例如，生产一线工人，只要基本条件符合，让生产部经理或车间主任看一下就可以了。有些管理岗位尤其是高层管理岗位，则可以考虑设计一些甄选技术，多设计几轮筛选程序。”周小易解释道。

“对，还有应届毕业生，也要多筛几轮。”袁书彬说。

“你这是赤裸裸地报复啊?”杨欣欣说。

“呵呵，只是觉得应届毕业生挺多的嘛，可以多筛一下。”袁书彬解释道。

“其实，最关键的还是甄选技术的选择。只有甄选准确了，你的这个程序才有意义，否则，一切都是空谈。”周小易说。

“周姐，咱们需要为每类岗位设计一套甄选程序吗?”袁书彬问。

“可以考虑，但现在的问题是，我们首先需要找到合适的甄选技术，然后，再根据岗位特点，确定甄选程序。”周小易说。

“哦，看来我是白弄了。”袁书彬说。

“没有，至少可以为我们后面甄选程序的建立提供一些参考嘛!”周小易安慰道。

**小易管理感悟**

犯错误、思考问题不周全是新人刚工作时的显著特征，同时，这也是新人学习成长的一个必经阶段。面对新人出现的各种问题，作为管理者需要善加引导，不能让新人产生挫败感，以免打击其积极性。

## 003 甄选技术的引入

**只要有招聘就会有甄选。每个企业在选择甄选技术或甄选工具时，都会根据自己企业的特点或岗位特点有所取舍。**

黄主任的办公室。

“小易，关于人才甄选的问题，你考虑得怎么样了？其他部门有意见，我们要拿出具体的行动才行。”黄主任问周小易道。

“我们部门那天也讨论了一下，”周小易回答道，“只是讨论一下如何规范招聘和甄选程序的问题。”

“哦，这会对人才甄选有帮助吗？”

“够呛，其实，要想提高人才甄选的质量，我觉得还是要引入一些人才甄选技术的。”

“嗯！在这方面你是专家，说说看，有哪些甄选技术能够帮助我们识别人才啊？”黄主任说道，“当然，最好是省钱、省事，操作起来简单的。要是太过复杂的，就怕难以操作。”

“其实，有一些甄选技术我们已经在使用了，只是还没有规范，效果不佳而已。像笔试、面试，这都属于甄选技术的一种。”

“对了，说到这我想起来了，你们搞的那个笔试测验题是不是该换换样啊？”

“我们正在考虑，把笔试这块规范起来。”周小易明白，公司目前笔试试题设计得还不够理想。



“我看面试这块，你们也可以做一点儿努力，比如，弄个大致的提纲，或者再把面试表格设计得规范一些。”黄主任提醒道。

“好的，我们会想办法把面试规范起来的。”

“还有其他的我们能用的甄选技术吗？”

“我把可能涉及的甄选技术列了一个表格，您先看一下！”说着，周小易将一张汇总表交给了黄主任（如表4-2所示）。

表4-2　**甄选技术综合评估表**

| 甄选技术名称 | 适用范围 | 效度 | 成本 | 求职者反应 |
|---|---|---|---|---|
| 笔试 | 所有岗位 | 高 | 低 | 比较积极 |
| 智力测验类 | 非生产一线岗位 | 低到中 | 低 | 一般 |
| 笔记分析 | 非生产一线岗位 | 低 | 低 | 一般 |
| 工作样本法 | 生产、事务类岗位 | 高 | 高 | 积极 |
| 工作预览法 | 所有岗位 | 高 | 低 | 积极 |
| 评价中心 | 管理类岗位 | 中到高 | 高 | 积极 |

“我看你列得已经很细致了，连适合的岗位类别都有了。只是，执行起来容易吗？”黄主任看着表格说。

“我也怕不太好执行。”周小易说出了心里的担忧。

“大胆去做嘛！做不好也没有关系的，即使判断不准，还可以靠面试再把一次关的。不是有那么一句话嘛！大胆实验，小心求证。”黄主任鼓励道。

“嗯！有您这句话，我心里就有底了。”说完，周小易起身就要走。

“慢着哦！我还没说完呢！”黄主任笑着说。

“哦，不好意思，您接着说。”周小易笑着说。

“选择甄选技术时，要记住这样几个要点。”黄主任接着连续讲了五条要点（如图4-7所示）。

**甄选技术选择要点**

1. 甄选技术的信度与效度；
2. 甄选技术与公司实际情况的兼容性问题；
3. 本公司员工能否在短期内达到熟练应用的程度；
4. 能否借助外部咨询机构或合作单位的力量；
5. 所选的甄选技术是不是必需的。

**图4-7　甄选技术选择的要点**

“黄主任，如果我们引入的甄选技术没有用或者看不到效果，其他部门有意见怎么办啊？”周小易还是比较担心其他部门会发飙。

“呵呵！只要有所改变就可以了，至于效果，做完了再说吧！**有时候，我们必须要有所改变，这比改变的方向和内容还重要。**”黄主任说。

“嗯！不过，这些甄选技术全部弄好也要有一段时间啊！”

“我觉得，你可以从最容易的开始引入，成熟一个推广一个。这样做，一方面，可以让其他部门看到我们不停地在努力；另一方面，也可以及时调整不合适的甄选技术。”

“明白了。我们这就着手准备。”周小易的信心顿时增强了不少。

“好，祝你成功。”黄主任勉励道。

“是祝我们成功。”周小易故意纠正道。

“对。祝我们成功。”黄主任笑着说。

小易
管理感悟

好的领导，不在于自己有多强的专业知识，而在于如何调动下属的工作积极性。很明显，黄主任就是一个这样的好领导。



## 004 笔试，绝不是走过场

**笔试，绝不是走过场。一定要让它发挥作用才行。尽管自己能改变和决定的事很少，但必须要保证质量，确保将每件工作都做到极致。**

周小易办公室。

周小易仔细地检视了一遍公司的笔试试题。“确实有些粗糙，也确实需要改进一下了。”周小易心里想着。设计这份试题时，一方面是为了避免求职者干等；另一方面则是给求职者留下一个公司很规范的印象。说白了，就是典型的样子货，一点儿实际用途都没有。有时候，作为HR的自己总是抱怨其他部门对人力资源工作缺乏必要的信任与支持，但是，如果自己部门所做的工作都是样子货的话，又有哪个部门愿意支持自己呢？

笔试，绝不是走过场。一定要让它发挥作用才行。尽管自己能改变和决定的事很少，但必须要保证质量，确保将每件工作都做到极致。

**笔试的目的是什么？如何达到笔试目的？如何判断笔试的目的是否达到？**周

小易现在满脑子都是这三个问题。

“周姐，咱们从哪里入手改进招聘工作啊?”袁书彬有些迫不及待地问。

“哦，笔试。”周小易脱口而出。

“呵呵，我们猜就是笔试。”袁书彬和杨欣欣笑着说。

“哦，你俩是大仙儿啊！不过，知道了又怎样呢?”周小易问。

“我们已经提前准备好了。这是我们重新做的招聘笔试试题。请你审阅。”袁书彬一本正经地说。

“呵，真不少啊。”周小易接过来一看，足足五页的内容，便放到了桌子上。

“怎么了？我们这可是按照世界500强的标准拟定的试题啊!”袁书彬有些不理解地说。

“你们是不是从网上把世界500强的笔试试题给复制下来了?”周小易问。

“是啊，不可以吗?”袁书彬问。

“不是可不可以，我问你，笔试的目的是什么?”周小易问。

“当然是筛选人才喽!”袁书彬觉得这个问题再简单不过了。

“你的这些试题对筛选人才有什么帮助呢?”周小易继续问。

“可以测试求职者的逻辑思维能力、创新能力啊!”袁书彬显然早有准备。

“每个岗位都需要这些能力吗?”周小易继续问。

“嗯……”袁书彬觉得应该仔细考虑一下。

“换句话说，这些能力是每个岗位的核心能力吗?”周小易继续问。

“这个，可是那些世界500强企业……”袁书彬还想争辩。

“可我们是小公司啊！再说了，世界500强企业招部门经理级以上人员也不用这些题，你知道吧!”周小易提醒道。

“那这些东西我们又白做了。”袁书彬有些失落地说。

“有些还是可以用的，关键是要用对地方。我大致看了一下你们收集的试题，以考察逻辑思维能力和创新能力的居多，那么，我们在设计以这两类能力为核心的岗位时，不就可以用上了嘛!”周小易说。

“哦，还是能有点儿用途的，”袁书彬长吁了一口气，又继续问，“周姐，您还是说说您的设计思路吧！我们也好执行啊!”

“对啊！省得我们白费力气了。”杨欣欣附和说。

“我的计划是，建立以岗位核心能力为主体的测试体系，也就是说，我们所设计的笔试试卷应该包括这样三个部分。”说着，周小易在白板上形象地画出了

一张图（如图4-8所示）。

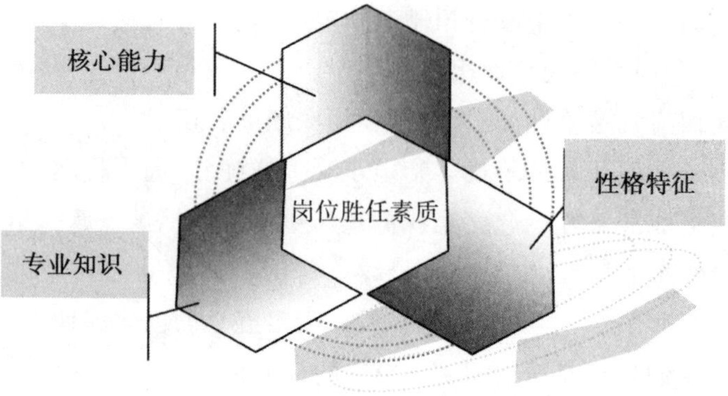


**图4-8　以岗位核心能力为主体的测试体系**

“你的意思是，核心能力类试题占的比重最高吧？”杨欣欣问。

“是的，而且，这个核心能力与其他两项也存在某些关联。”周小易解释道。

“可是，我们公司现在没有岗位胜任素质模型啊？”袁书彬提到了比较关键的问题。



“我们目前只需找到每个招聘岗位最核心的一两项能力即可。这个应该不难吧！以后有机会我们再完善。”周小易说。

“嗯！这倒不失为权宜之计。这三部分试题是不是都由我们出啊？”袁书彬问。

“不一定，可以让用人部门配合我们。不过，我还要先跟你们讲讲笔试题命题的‘3W2H’规则。”周小易怕这两个同事再做无用功，便提醒道。

“稍等，我们记一下。”袁书彬和杨欣欣跑到座位上拿出了笔记本做好记录的准备。

**◎ 笔试试题策划的原则**

周小易稍微整理了一下思路，开始说：“笔试命题所要遵循‘3W2H’原则，即对象（考谁——whom）、项目（考什么——what）、形式（如何考——how）、时间（考多久——how long）、来源（题从哪里来——where）等五个方面（如图4-9所示）。”

“咱们先说‘对象’，即whom，”周小易说道，“就是明确考察的对象。考察求职者的知识掌握情况，是笔试命题的初衷，对于我们企业而言，求职者掌握多少知识并不重要，关键是看他是否掌握企业所需要的知识。”

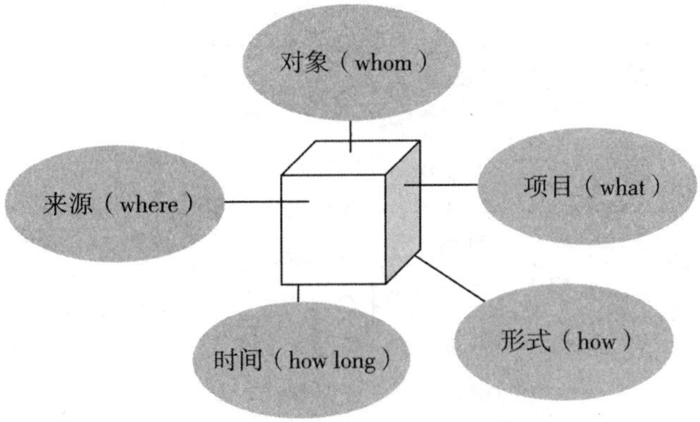


**图 4-9　笔试试题策划的原则**

“嗯！一切以企业需要为主。”杨欣欣附和着。

“第二个，考什么（what），就是确定考察的项目及内容。每一类岗位所需的知识与能力都可以划分为若干个模块或单元。”周小易继续说。

“周姐刚才不是已经划分了三个单元了吗?”杨欣欣不解地问。

“那只是三个大类，在设计试题时，有的项目还要细化。例如，你要考察一个求职者的‘办公软件应用能力’，那么，就可以划分为办公设备的操作、办公软件与信息系统的使用等。”周小易解释道。

“明白了。”杨欣欣说。

“第三个，如何考（how），是指考核的形式，在这里主要是指笔试题型的选择，主要包括填空题、选择题、问答题以及案例题等。”周小易继续说。

“哪个类型比较好呢?”杨欣欣问。

“各有优劣吧！咱们在设计试题时，尽量综合考量，合理选择题型。”周小易又拿出一张写有各类试题适用范围的表格（如表 4-3 所示）。

表 4-3　**笔试试题题型列表**

| 题型类别 | 题型细分类别 | 考察范围 | 优点 | 缺点 |
| --- | --- | --- | --- | --- |
| 填空题 | — | 基础知识、个人信息 | 灵活、覆盖面广、准确性高 | 比较机械，难以体现求职者的能力 |
| 选择题 | 单项选择 | 各项基础知识、技能评估 | 便于操作，节省时间，评价客观、准确，测试可靠性高 | 对选项设置要求高，可能出现答题者误打误撞的情况 |
| | 不定项选择 | 知识、技能以及理解分析类 | | |

续表

| 题型类别 | 题型细分类别 | 考察范围 | 优点 | 缺点 |
|---|---|---|---|---|
| 问答题 | 简答题 | 对知识、技能的理解和掌握情况 | 能够综合考察答题者的知识和能力水平，并进而判断其综合素质 | 自由空间大，对阅卷者的素质要求较高 |
| | 论述题 | 答题者对某一问题的见解或看法 | | |
| 案例题 | — | 对知识或能力的运用情况 | 能够综合考察求职者的知识和能力水平 | 对阅卷者的素质要求较高 |

“记住了。”杨欣欣一边记录，一边说。

“第四个，考多久即how long，是指试题题量的安排。一般情况下，笔试的时间不宜过长，答题时间控制在半小时到一小时为宜，毕竟咱们后面还有面试呢。”周小易解释道。

“嗯！我也不喜欢时间太长的，袁书彬非要弄那么多的题。”杨欣欣不忘摆袁书彬一刀。



“哎！咱们弄试题时，说不上是谁总是不断地给我填内容，还不让删。”袁书彬回击道。

“行了，别吵了。第五个，题从哪里来即where，笔试试题一般应该都由咱们人力资源部门与用人部门共同组织编写，当然，如果有特殊需要，也可以请外部咨询机构帮助咱们出题。”

“嗯！我看还是自己出比较好。”杨欣欣又搭话道。

“当然，不过要确保质量。”周小易提醒道。

**◎ 笔试试题设计与评估**

“周姐，我们这就行动?”袁书彬又有点儿着急了。

“别急啊！我还没有说完呢！”周小易又继续说，“我们接下来的工作主要分为三个步骤（如图4-10所示）。”周小易又在白板上描述了行动步骤。

“看着这个步骤图，我们就比较清楚该干什么了。”袁书彬说。

“嗯！我们可以行动了吧！”杨欣欣问。

“当然，顺便告诉你们一声，分析招聘岗位能力素质时，可以利用招聘需求分析的结果。”周小易提醒道。

“哦，原来可以这样啊。”袁书彬惊讶地说。

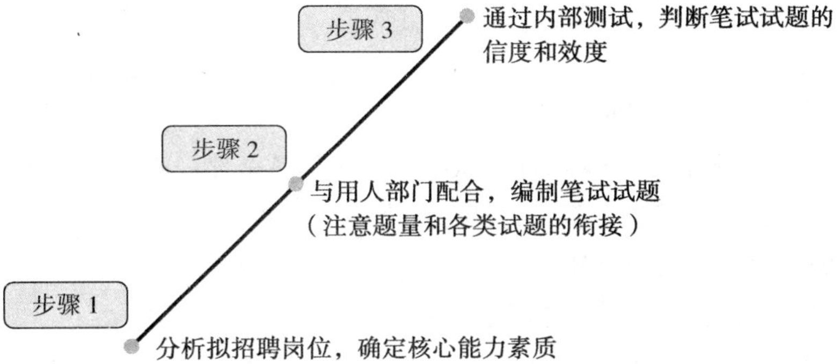


图 4-10　笔试试题编制的行动步骤

“当然，我们费了那么大劲，不能二次利用岂不可惜。”周小易笑着说。

“这下又省事了。”袁书彬说。

**小易管理感悟**

笔试的目的是什么？笔试的目的如何达到？如何判断笔试的目的是否达到？这是设计笔试环节需要考虑清楚的三个基本问题。同时，这套思维也适用于大部分设计或规划类工作效果的评价。

## 005　把工作做到极致

无论笔试还是面试，抑或其他甄选技术，都是为最终录用决策提供支持与依据的。

"周姐，咱们弄的笔试试题好像还不错哦。"袁书彬拿着一摞刚刚算完成绩的试卷给周小易看。

"哦，何以见得?"周小易问。

"你不是让我们搞了一个内部测试吗？这是从各个部门收上来的问卷。我顺便询问了一下大家的意见，都觉得试题难度适宜，题量还可以。"袁书彬把他了解的信息原原本本地向周小易作了汇报，然后把试卷交给了周小易。

"哦，分数都挺高嘛!"周小易一边翻看试卷，一边说。

"是啊！尤其是业务知识模块，看来我们设计的题目还是可以的。"袁书彬说。

"是吗？我有三个问题，想问你一下啊。"说这话时，周小易在白板上列出了三个问题（如图4-11所示）。

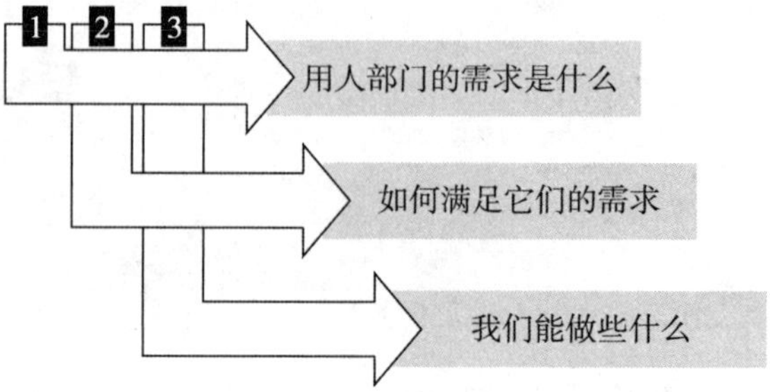


**图4-11　需要思考的三个问题**

"用人部门的需求是什么?"袁书彬自言自语地看着白板，想了想又接着说，"应该是获得求职者能力方面的信息。"

"太笼统了，能细化一下需求吗?"周小易看了看袁书彬，又提示，"它们要这些信息做什么用呢？再想想。"

"明白了，是获得决策的依据。"袁书彬高兴地说。

"没错，**无论笔试还是面试，抑或其他甄选技术，都是为最终录用决策提供支持与依据的**。那么，你再想想，在这张试卷上写个分数就能满足它们的需求吗?"周小易继续问。

"哦，至少可以分出优劣吧?"袁书彬还想辩解。

"真的能分出优劣？你告诉我这个得了90分的同事比80分的好在哪里?"周小易问。

"当然是个人能力更突出一些，专业知识更丰富一些喽!"袁书彬自己也觉得回答有些牵强。

“真的吗？你看这个得了80分的同事，在专业知识这一模块得的是满分啊！”周小易指着试卷对袁书彬说。

“哦，我看看。真的耶！”袁书彬说了一句，想了想又接着说，“你的意思是，我们需要按照试卷的各个模块详细分析求职者的各项能力，对吗？”

“不错，如果我们能够把求职者各类能力测试的结果准确地提供给用人部门，它们在确定最终人选时也就会更有依据，选人也就更准确了。”周小易说。

“明白了。就像这张试卷，我如果在试卷下面或另外附上一张测评报告单，详细地列明求职者各个能力值就可以了。是吧？”袁书彬问。

“聪明。我们的工作就是为了用人部门更加准确地判断求职者。我们应该**从用人部门的实际需求出发，把自己的工作做到极致。**”周小易说。

“OK，一会儿我做一个测评报告的模板交给你吧！”袁书彬说。

“好的。”周小易答应道。

快下班时，袁书彬将做好的测评报告样本给周小易发送过来（如表4-4所示）。

表4-4　**笔试测试报告样本**

| 姓名 | | 应聘岗位 | | 总分 | |
|---|---|---|---|---|---|
| 总体评价 | | | | | |
| 录用建议 | □建议考虑　□不建议考虑 | | | | |
| 分项测评结果说明 | | | | | |
| 核心能力 | | | | | |
| 专业知识 | | | | | |
| 个人性格特征 | | | | | |

“从这张表格来看，袁书彬还是用了一番心思的。真是长江后浪推前浪啊，估计用不了多久，袁书彬就会做得比我还好了。”周小易心想着。

## 小易管理感悟

人力资源部门，归根结底是一个支持性、服务性部门，部门价值是通过其他部门来实现的。正因为如此，无论做什么工作都需要考虑清楚其他部门最真实的需求，并把自己能做的工作尽量做细。

# 第5章

# 甄选技术应用实操

改变，一点一点地在发生。周小易清楚，只靠在笔试试卷上的些许改变不足以大幅提升甄选工作的质量。要想让用人部门感受到自己所做的努力，必须引入一些其他的甄选技术才行。嗯！最好还是先选择比较容易操作的。

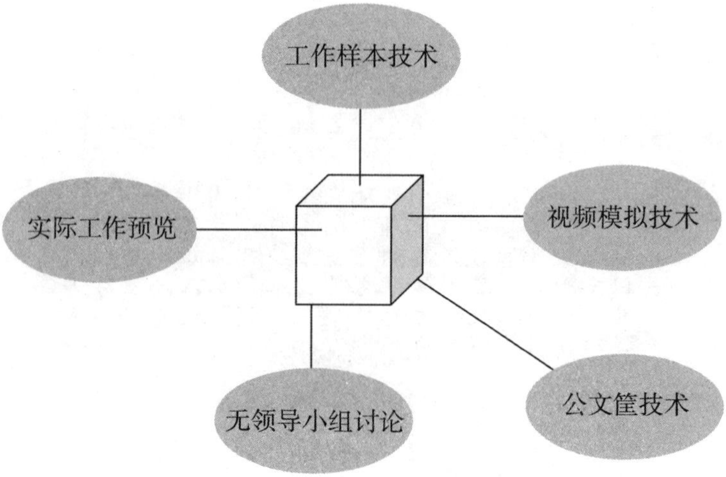
工作样本技术
实际工作预览
视频模拟技术
无领导小组讨论
公文筐技术

## 001 工作样本技术

改变，一点一点地在发生。周小易清楚，只靠在笔试试卷上的些许改变不足以大幅提升甄选工作的质量。要想让用人部门感受到自己所做的努力，必须引入一些其他的甄选技术才行。嗯！最好还是先选择比较容易操作的。

“你们两个过来一下吧！”有了主意后，周小易招呼两位下属。

“是不是有新的任务了？”杨欣欣问。

“呵呵，不错。”周小易笑着答。

“是不是要引入新的甄选技术了？”袁书彬问。

“不错，我考虑了一下，咱们可以从‘工作样本技术’做起。”周小易说。

“哦，工作样本，是个什么东东啊？”杨欣欣抗议道，“我是小白兔，你们别忘了。”

“所谓‘工作样本技术’是指，**通过要求求职者完成一项或多项基本工作任务的样本，对他们的工作绩效进行预测。”**袁书彬解释道。

“不错，看来咱们的书彬同学在学校一定是个好学生。”周小易说。

“切！那是因为我没选择HR专业，否则一定比他学得好，”杨欣欣明显不服气，又继续问袁书彬，“你刚才只是讲了定义，具体该怎么做呢？”

“这可难不住我。”说这话，袁书彬就在白板上详细地列出了工作样本技术具体的操作步骤（如图5-1所示）。

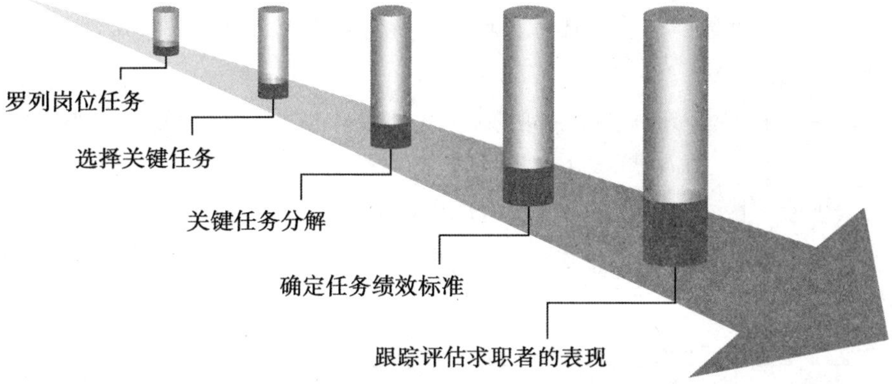


图5-1　工作样本技术操作步骤

“还挺像回事嘛！”杨欣欣打趣道。

“当然！”袁书彬颇为得意。

“你说说罗列岗位任务，指的是什么啊？”杨欣欣问。

“当然是逐项列出招聘岗位的各项任务喽。”袁书彬答。

“选择关键任务，我知道，就是找到最主要、最容易测量的吧！”杨欣欣说。

“欣欣这句话说得非常到位，**并不是所有岗位的甄选都适合选用工作样本技术，像一些脑力劳动岗位就不适合选用此项技术。当然，通常情况下，此项技术多应用于熟练工种的招聘，像维修技师、司机等。同时，即使适合采用此项技术的岗位，也要选择那些恰当的，能够用于测量的，且最具代表性的任务才行。**”周小易补充道。

“哦，看来我有时候还是蛮专业的，呵呵！”说完，杨欣欣朝袁书彬做了一个鬼脸。

“瞎猫有时候也会碰到死耗子的。”袁书彬不服气。

“关键任务分解，指的是什么？书彬说说看。”杨欣欣故意问。



“当然是将确定的关键任务分解成若干个可以测评的步骤了。”袁书彬说。

“能举个例子吗？”杨欣欣追问道。

“这个，这个，还真不好说。”袁书彬有些为难了。

“比如我们的‘测试员’岗位，如果你把测试这一环节列为关键任务，就需要进一步将其细化为：待测原件准备、操作设备测试、测试后原件处理等三个步骤。”周小易解释道。

“大致能理解。但就是对生产线这些工作还不熟悉。”杨欣欣不好意思地说。

“就如同将吃饭列为关键任务，可以分解为：盛饭、开吃、饭后洗碗等。”袁书彬直接说道。

“那确定任务绩效标准，指的是为每个步骤设置一个评价基准吧！”杨欣欣说。

“不错嘛！真的越来越专业了。”袁书彬说。

“当然，近朱者赤嘛，整天在HR人堆里泡着，能不熏陶出来点儿嘛！”周小易说。

“跟踪评估求职者的表现，就更容易了。你懂的。呵呵！”杨欣欣说。

“不错，”周小易见讨论得差不多了，两位下属也对这个甄选技术的操作有了一定的了解，便故意问，“下面我们该如何行动啊？”

“当然是选择一些合适的岗位，然后按照这个步骤操作呗！”杨欣欣抢着答道。

“你们觉得我们先从哪个部门开始呢?”周小易继续问。

“质检部、生产部还是……”真到行动的时候，袁书彬也有些不确定了。

“呵呵！别忘了，我们推行这一技术的目的，是为了招聘哦。”周小易提醒道。

“明白了。咱们就从生产部设备管理科入手吧！他们不是在招聘维修工和维修技师嘛，而且还全部要求有工作经验的。”袁书彬说。

“很好，那接下来又该做什么呢?”周小易也慢慢地学会了启发式问话了。

“设计一个表格，然后找设备管理科的科长确认关键任务，并做好关键任务的分解工作，同时确定评价基准。”袁书彬一口气把几项工作说完了。

“表格，不用每个岗位设计一个吧！”杨欣欣终于找到了一个开口的机会。

“当然不用了，只需一个通用的表格即可。周姐，一会儿我把设计好的表格传给你吧！”袁书彬清楚，设计表格，迟早都是自己的活，还不如主动些。

“好。”看来做管理也没有那么复杂嘛！周小易心想着。

不到一个小时，袁书彬将做好的表格给周小易发送过来了（如表5-1所示）。

表5-1　　关键任务测评表

<table>
<tr><td>姓名</td><td></td><td>应聘岗位</td><td></td><td>总分</td><td></td></tr>
<tr><td>关键任务</td><td colspan="5"></td></tr>
<tr><td colspan="6">分项测评结果说明</td></tr>
<tr><td>步骤名称</td><td colspan="3">基准行为</td><td>基准分数</td><td>得分</td></tr>
<tr><td rowspan="2">步骤一</td><td colspan="3"></td><td></td><td></td></tr>
<tr><td colspan="3"></td><td></td><td></td></tr>
<tr><td rowspan="2">步骤二</td><td colspan="3"></td><td></td><td></td></tr>
<tr><td colspan="3"></td><td></td><td></td></tr>
<tr><td rowspan="2">步骤三</td><td colspan="3"></td><td></td><td></td></tr>
<tr><td colspan="3"></td><td></td><td></td></tr>
<tr><td>总体评价</td><td colspan="2"></td><td>评估人（签字）</td><td colspan="2"></td></tr>
</table>

**小易管理感悟**

工作样本技术实操过程中需要注意三点：第一，并不是所有的岗位都适合采用此项技术；第二，选择代表性的关键行为（最能反映岗位特点的关键行为）；第三，关键行为评价标准的确定（至少能够确定达到何种程度为合格）。



## 002 视频模拟测试

**有很多甄选技术可能你根本用不到，但是你必须对其有足够的了解。也许有一天，那些用不到的技术就会派上大用场。**

“周姐，用人部门反映咱们搞的工作样本技术还不错，就是可以投入应用的岗位太少了。”袁书彬向周小易反馈用人部门的意见。

“哦，你有什么想法啊？”不断地鼓励下属发表自己的意见，是周小易现在经常采用的策略。这种方法不仅可以调动下属的工作积极性，也可以为主管人员拓宽思考的范围。

“我觉得咱们是不是可以考虑引入‘视频模拟测试’技术？”袁书彬试探性地问。

“什么叫‘视频模拟测试’啊？”杨欣欣凑过来问。

“视频模拟测试，是指通过在线的方式或电脑播放的方式向求职者展现几个视频情景，在每个视频情景后面都有一道或多道试题。当然这些试题可以是选择题、问答题或者案例分析题等。”袁书彬解释道。

“哦，明白了，就是给求职者播放一段小视频，然后提问呗！”杨欣欣说。

“对，就是这个意思。”袁书彬说。

“可是，视频由谁拍呢？谁来当主演呢？要不就由我勉为其难，当个女一号吧！”杨欣欣笑着说。

“想得美啊！女一号有周姐在这，也轮不到你啊！”袁书彬回复了一句。

“行了，别争了。还是想点儿实际问题吧！”周小易提醒道。

“实际问题？”袁书彬反问道。

“刚才欣欣说的都是比较实际的问题啊！”周小易解释道。

“又被我说中了吧！”杨欣欣笑着说。

看着袁书彬一头雾水，周小易在白板上详细地列出了视频模拟测试技术所需的条件（如图5-2所示）。

图5-2　视频模拟测试技术应用的条件

“资金投入，您指的是，这种方式投入比较大吗？”袁书彬看着周小易列出的问题问。

“不错。现在我们能够支配的预算十分有限，而且在咱们公司人力资源部门根本不受重视，你还想拿出一大笔钱做视频，这就比较难了。”周小易说出了自己的担心。

“嗯！我也考虑了。我觉得咱们是不是可以考虑制作点儿简易的视频呢？这样也花不了多少成本啊！”袁书彬说。

“也许是个不错的选择，那么脚本设计呢？”周小易继续问。

“这确实是个问题，不过我想，咱们部门三个臭皮匠总可以弄个差不多吧！再说有周姐在，脚本也不应该成为问题的。”袁书彬说。

“不应该这么简单吧！脚本设计至少需要考虑三方面因素：第一，场景与所提问题之间的关系；第二，脚本是否能够准确表达主旨；第三，有没有可能引起求职者的误解或者其他的解读。”周小易说。

"哦，这个有困难。再说技术要求呢?"杨欣欣抢着问。

"这个嘛，可以租用一些场地或者干脆在咱们公司录，然后再找地方配音。"袁书彬说出了自己的想法。

"这不还是涉及钱的问题了吗?"杨欣欣说。

"一点儿钱不花，根本不可能的啊!"袁书彬说。

"嗯！那么演员也就是自己人参演了，场地就更不用问了，哈!"杨欣欣笑着说。

"看来暂时还有点儿难度。"袁书彬说。

"就是，我觉得暂时还是选择一些比较容易操作的甄选技术为好。"杨欣欣一本正经地说。

"呵呵！我的台词被欣欣抢了。"周小易笑着说。



**小易**
**管理感悟**

视频模拟测试技术实操过程中需要注意三点：第一，此技术对资金、场所、人力、脚本设计等都有较高的要求；第二，此技术不适用于脑力劳动占主体的岗位；第三，工作场景的选择必须具有足够的代表性。

## 003 公文筐技术（上）

**职场中，能力只是你获取成功的必要而非充分条件。要想成功，还需要机遇、努力，当然，还要有赏识和发现你的伯乐。**

黄主任的办公室。

“小易，我看了你们重新设计的笔试试卷和其他几项甄选技术，确实是专业出身的，做得非常好，我很满意。”黄主任又给周小易点了个赞。

“你的支持和鼓励，就是我们做好工作的最大动力。”这绝不是周小易的奉承之词。事实上，作为一个出道不久的小职员，能够快速升为主管，且还被给予如此之多的授权，确实是比较少见的。周小易私下里也经常和自己的同学感叹自己的命好，能够遇上黄主任，这么好的伯乐。

**职场中，能力只是你获取成功的必要而非充分条件。要想成功，还需要机遇、努力，当然，还要有赏识和发现你的伯乐。**

“我看了你传过来的几份销售经理的简历，总体上看，还不错，张总也觉得还行。你们能不能选一个适合这类人的甄选工具啊，越能贴近于实战越好。”黄主任提出希望道。

“您的意思是，这种甄选技术最好不仅能应用于这次甄选，还能适用于以后的中高级管理人员的甄选，是吗？”周小易想确认一下黄主任的意思。

“没错。当然，可以根据不同的岗位进行适当的变化。”黄主任说。

“也许公文筐技术是个不错的选择。”周小易想了想说道。

“哦，如果采用这种方法，有什么难度吗？”黄主任看见周小易有些犹豫。

“实施这种甄选技术困难来自于两方面：第一，出题的难度，因为我们和销售部接触不多，所以，选择的公文是否具有代表性也就成了问题；第二，评价的难度，毕竟我们几个人的经验有限，如果求职者的答案超出了预设答案的范畴，就怕出现误判。”周小易摆出了实施公文筐技术的困难。

“这两个问题都不算问题。首先，你要找哪类公文，我帮你搞几份马经理以前批阅过的文件；关于误判嘛，我可以帮你们把把关，而且，这个甄选结果毕竟只是一个参考嘛！”黄主任说。

“好的。那我这就回去准备。”周小易说。

“就看你们的了。”黄主任鼓励道。

**◎ 公文筐技术的设计**

“周姐，领导怎么说啊？”看见周小易从黄主任办公室出来，袁书彬和杨欣欣赶紧过来打听。他们也非常想知道领导的看法。

“领导觉得还不错，不过又提出了一个新的挑战。”周小易回复道。

“哦，什么新的挑战啊？”袁书彬问。

“黄主任希望咱们能在面试销售部经理时采用公文筐技术。”周小易不紧不慢地说。

“什么叫公文筐技术啊？”杨欣欣问。

“所谓的公文筐技术，就是给求职者安排一个虚拟的职位，设计一个特定的场景，再给其一大堆的公文，让其在规定的时间内处理完。”袁书彬说。

“哦，那不是挺简单的嘛！”杨欣欣不以为然地说。

“话可不能这样说，这对咱们招聘人员的挑战比较大。一方面，你要设计背景、公文，这些内容要与招聘的岗位有很大的关联性；另一方面，我们还要对其进行评价。”袁书彬与周小易的看法倒是颇为相似。

“哦，原来如此。公文筐技术，用的都是真实的公文吗？”杨欣欣问。

“不一定，也可以是计算机化的公文，也就是给他一个专门的文件夹，让其处理就可以了。”袁书彬答道。

“其实，我是想问，这个技术能考察出什么来啊？公文写作能力吗？”杨欣欣问。



“这就看你出题的水平了。公文筐技术，可以考察一个人的计划能力、组织能力、决策能力、问题分析能力等多方面综合素质。当然，如果你试题设计的水平不够，可能就什么能力也考察不出来了。”袁书彬解释道。

“公文筐技术，该如何用呢？”杨欣欣继续追问。

“对于我们来说，公文筐技术的应用关键在于试题的设计。通常情况下，我们可以按照这样几个步骤来完成试题的设计。”袁书彬也学着周小易的样子，在白板上画了一个程序图（如图5-3所示）。

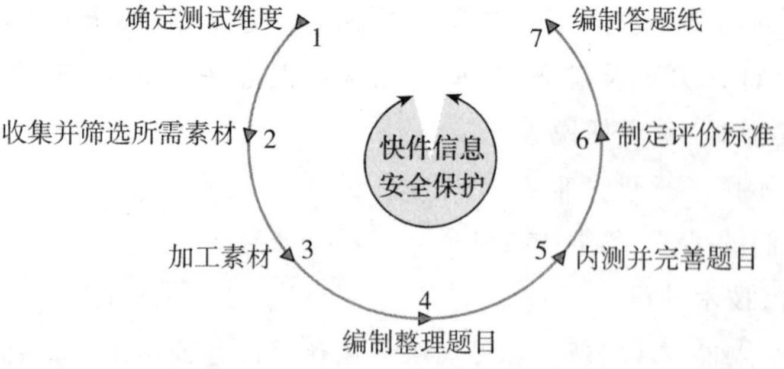


**图5-3 公文筐测验题目设计步骤**

1.确定测试维度

招聘人员根据拟招聘岗位的要求，确定测试维度。这一步骤主要工作内容包括：

（1）参考工作说明书，划定能力素质范围。工作说明书中关于招聘岗位所需能力素质的说明，是公文筐试题设计的主要依据。

（2）筛选可以用公文筐进行测试的能力素质，且这些能力素质必须在招聘岗位所有能力素质中占有重要地位。

（3）综合用人部门、主管领导的相关意见，确定最终的测试项目。

2.收集并筛选所需素材

素材的收集与筛选的工作内容包括：

（1）收集工作中各类常用公文，包括报告、总结、请示、申请书等。

（2）根据测试项目的需要，对收集到的材料进行筛选。筛选的标准：材料的典型性、材料的通用性、非核心机密资料等。

3.加工素材

根据测验的需要对筛选后的素材进行加工。加工素材的标准：

（1）重点突出。

（2）难度适中。

（3）案例典型性等。

4.编制整理题目

加工过的素材，还需要按照测验的需要，设定为各类试题，并再度对材料进行处理。这一步骤的主要工作包括：

（1）将加工后的素材，按照测验需要分类归入批阅类、决策类、完善类。

（2）根据文件类别，进一步对素材进行处理，使之成为可用来测验的试题。例如，归入完善类的素材，可以故意删减一些信息，以考察求职者能否发现信息的不完整等。

（3）根据测试时间的要求，对处理后的试题进行删减，以确保求职者在规定的时间内能够完成测验。

5.内测并完善题目

题目编制完成后，需要组织一些内部员工进行试测，以验证试题的难度、信度和效度，以便于进一步完善试题。具体的试题完善措施包括：

（1）根据反馈意见，调整或替换若干试题。

（2）根据试测所耗时间，进一步调整试题的题量等。

6.制定评价标准

根据测量项目，详细列出每一能力素质所对应的表现行为，并为其赋予相当的分值。分值的确定应该依据该能力素质在招聘岗位所有能力素质中的地位而定。

7.编制答题纸

答题纸是供求职者对材料写处理意见或回答指定问题用的，是求职者唯一能在其上写答案的地方，评分时只对答题纸上的内容进行计分（如表5-2所示）。

表5-2 答题纸

| 考生编号 | | 应聘岗位 | | 文件编号 | |
|---|---|---|---|---|---|
| 文件处理意见 | | | | | |
| 处理理由 | | | | | |
| 评估意见（面试官填） | | | | | |

注：文件编号仅表示文件的随机编号，不代表文件处理顺序。



“看来你还挺专业的。”杨欣欣笑着说。

“当然了，咱是科班毕业的嘛！”袁书彬说。

“既然你是科班毕业的，那这个销售部经理的公文筐设计工作就交给你了！”杨欣欣想将袁书彬一军。

“哦，这个可不行。理论咱懂，但经验还不太足啊。周姐，这个到底该怎么弄啊！”袁书彬向周小易求助道。

“等明天黄主任给提供一些素材后，咱们再一起研究吧。”周小易说。

“那我们现在的任务就是等待了吧！”杨欣欣问。

“想得美呢！刚才书彬列出的程序图，你看能让我们闲着吗？”周小易反问道。

“哦，看来是该确定测试维度了。”看着程序图，杨欣欣说。

“是啊！咱们之前搞的招聘需求分析，可以派上用场了吧！”袁书彬说。

“不错，只需要结合公文筐测试的特点，选择恰当的测试维度即可。”周小易说。

“哦，看来以前弄的招聘需求分析真是用途多多啊！”杨欣欣说。

“当然，招聘需求分析，是整个招聘工作的基础。”周小易强调道。

“公文筐能够考核的维度，其实，也是销售部经理需要考核的维度啊。”袁书彬说这话时，详细地在白板上列出了测试维度（如图5-4所示）。

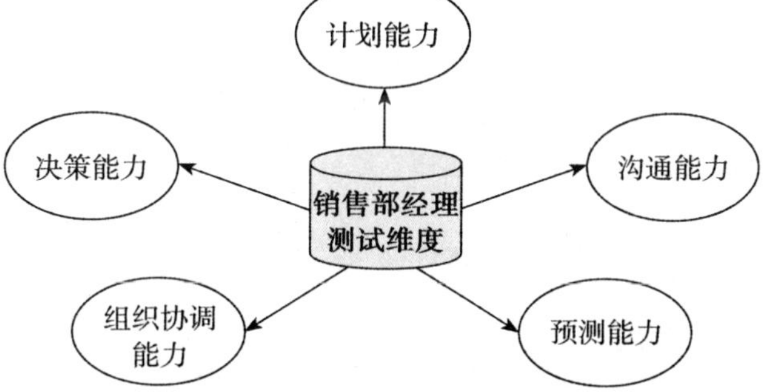


**图5-4　销售部经理应具备的能力**

“嗯！非常好。”周小易对袁书彬所画的图表给予了认可。

“稍等一下，黄主任发过来一份邮件。”周小易公司内部通信软件发出了提示，便对两个下属说道。黄主任给她发过来一个文件夹，当然还附带了一行字：“内部绝密资料，不可外传。”

是啊，销售部经理日常使用的公文，很多涉及公司绝密信息，不可能直接拿来直接讨论的，是自己有些忽略了。

“我先大致浏览一遍，然后咱们讨论吧！”周小易想了想对他们两个说。也许先对信息过滤，经过适当转化，然后再进行讨论是个比较不错的选择。

“OK。”两个下属虽然略感奇怪，但也没有多问。

周小易仔细地翻看了一遍黄主任提供的材料，也找出了几份可以用来测评的“原料”。由于这也是周小易第一次运用公文筐技术，所以，她想自己先大致弄个模板出来后再交给两位下属。

周小易用了近两个小时才最终确定了公文筐测评需要使用的素材，然后用电脑传给了两位下属，希望他们两位能够提出一些改进的建议（如表5-3所示）。

表5-3　　公文筐测试

**公文筐测试**

**一、背景信息**

今天是20××年3月21日，现在由你代理SN光伏公司的销售部经理一职。SN光伏公司是一家专门从事太阳能电池研发、设计与组装的企业，客户群遍布世界各地。SN光伏公司销售部下设国际贸易处、国内销售处两个科室。

**二、问题情境**

现在是上午9点，由于你在上班途中遇到了堵车，所以赶到办公室时，你的秘书早将一摞公文摆到了你的办公桌前，让你去处理。

---

文件一：请示

——经理，您好

我是小李，咱们在南非的一个大客户被竞争对手抢走了。他们把单价向下降了5个百分点，已经超出了咱们的承受范围。如果不跟着降价，咱们的其他客户也可能被抢走。如何定夺，请您指示。

---

文件二：电话录音

——经理，您好

我是总经理秘书小王，今天早上张总让我打电话来找你，但你不在。张总对咱们公司上个季度的国内销售业绩十分不满意，让你尽快拿出一套扭转销售形势的措施。

请你尽快给张总一个答复。

---

文件三：会议通知

——经理，您好

我是小孙，明天下午有一个部委组织的光伏销售形势分析会，您是否有时间参加。如果有时间，请告诉我一声，以便我为您预订车票和酒店。

---

文件四：请示

——经理，您好

我是小赵，财务部来电催促咱们部门赶紧上交下一季度的部门销售费用预算，不知您是否已经准备好了。

---

文件五：电子邮件

——经理，您好

我是人力资源部小周，我们部门正在编制下一季度的招聘计划，不知销售部门年初报送的招聘计划有无变动，如有变动请及时跟我联系，以便修正。

---

文件六：电话留言

——经理，您好

我是生产部赵丽，由于本季度销售情况不理想，库存有所增加，我们季经理让我问你一下，下一季度生产指标是否需要进行调整。

“两位有什么高见啊?”周小易问两位下属道。

“领导就是领导，看问题和我们就是不一样。我们怎么也想不出这些东西的。”杨欣欣恭维道。

“是啊！其实，现在我也不知道该怎么解答这些问题。”袁书彬附和着。

“好吧！我们马上分头行动，准备这次测评吧。”周小易清楚，即使自己做得不好，这两个下属也不会说什么的。这就是典型的中国式职场规则。一篇文章或一个方案，由下级编写的，向上逐级都能发现问题，指出问题；由上级编写的，自上而下逐级都是奉承之词。

### 小易管理感悟

公文筐技术可以用于考察求职者某项能力，也可以用于测评综合素质。很多企业在设计试题时倾向于有限资源的分配，或者某项棘手问题的应对处理等。至于采用何种思路，可以根据企业实际需要而定。

## 004 公文筐技术（下）

**一件事，如果做得不好或者失败了，固然让人感到沮丧和失望；但是，如果人家连你做的机会都不给，那种沮丧和失望就可想而知了。**

黄主任的办公室。

“黄主任，这是我们弄得公文筐测试的试题。您看一下，有什么问题，我们再改一下。”周小易将自己设计的试卷交给黄主任审阅。

“哦，还可以嘛。不过好像和普通的笔试也没有什么区别呀？”黄主任问。

“还是有一些区别的。首先，这些试题将求职者置身于特定的情境之中，以咱们这套试题为例，求职者就要把自己当成销售部经理；第二，求职者在回答这份试题时，不仅要给出这些公文的处理意见，还要列明处理的思路、理由等。”周小易解释道。

“哦，这倒很不错。可是作为部门经理，每个问题并不一定要自己亲自处理啊。”黄主任提出异议。

“有些问题当然可以交给下属来做，这是考察求职者会不会授权。当然，为了防止有些求职者全部授权给下属做，我们必须要求求职者给出具体的处理思路。”周小易说。

“不错。你先等一下。”黄主任示意有电话进来了。

“张总，有何指示？”看见是张总的号码，黄主任问。

“哦，小易他们正在准备启动公文筐测试呢。”可能是张总询问了销售部经理面试的事，黄主任回答。



“什么，先不弄了？”听到黄主任电话里询问张总，周小易竖起了耳朵。

“这样啊！那好吧。”黄主任有些失望地撂下了电话。

“什么事啊？主任。”周小易已经预感到有些不好的事情要发生了。

“张总通知，销售部经理面试改在集团进行了，并且由集团人力资源部负责。”黄主任复述了一遍张总的指示。

“为什么啊？”周小易激动地问。

“这也是为了体现集团领导对销售部经理招聘工作的重视嘛！”黄主任清楚周小易他们为了这次面试准备了很久，但不忍心直接告诉周小易，其实是张总对他们这些年轻人不放心。当然，如果还有其他的原因，就是销售部经理这个职位，对SN公司来说太过重要了。

“可是，我怎么和下属交代啊！他们热情那么高，而且准备这么久了。”面对突如其来的变故，周小易显得有些不知所措。

“工作嘛，还得你去做！这种情况也许你是第一次遇到，但作为主管，以后会经常碰到的。”黄主任提醒周小易。

“好，我会去做工作的。”周小易重重地点了点头。

“一件事如何说，比事情本身更重要。”黄主任嘱咐道。

“我不是很理解。”周小易说。

"任何一件事都有好的一方面和坏的一方面，就看你过于强调哪方面了。"黄主任笑着说。

"哦，这件事也有好的一方面吗？"周小易表示十分不解。

"你自己再仔细体会一下吧！"黄主任和蔼地说。

回到办公室前，周小易先自己调整了一下情绪。自己要是还带着负面情绪，那去做下属的工作时，结果是可想而知的。至于谈话的技巧，周小易从黄主任的字里行间找出了一点儿方向。作为主管，看看自己能不能hold得住，也许这就是上天安排给自己的一次考验吧。

"周姐，回来了。有啥最新指示？"看见周小易回来，杨欣欣和袁书彬赶紧凑过来问。他们两个都在摩拳擦掌准备大干一场。

"领导对咱们前一阶段的工作表示满意。"周小易打了一个官腔。

"哦，表示满意，这是什么意思啊？"杨欣欣问。

"领导看了咱们做的关于公文筐测评的东西，我还把咱们的准备情况汇报了一下。黄主任非常满意，并且希望咱们能够再接再厉，在新的测评手段上，取得更好的成绩。"周小易说。

"哦，在新的测评手段上？这又是什么意思？"杨欣欣似乎听出了周小易的画外音。

"是这样的。销售部经理甄选的前一段工作已告完成，剩下后一段工作就由集团人力资源部收尾了。"周小易一边说着，一边看着两位下属的反应。

"哦，那就是没我们什么事了，我们之前的努力不是白费了。"袁书彬沮丧地说。

"怎么是白费了呢？我们至少从这个过程中学到了如何操作公文筐技术嘛！不就是少了最后一个实测环节嘛？以后我们有很多机会可以再试验的。"周小易安慰道。

"周姐，我们以后还有机会吗？"袁书彬问。

"当然，我们每天不都在招聘嘛！机会当然有很多的。"周小易说。

"我说的是面试部门级经理的机会。"袁书彬强调了一句。

"当然。"虽然嘴上这么说，但周小易自己也不清楚未来能否赢得这样的机会。不过，一个新任主管带着两个新员工就要去面试部门经理，这件事想想还是有点滑稽的，即使她们后面有黄主任做后盾。

事情到此，也算有了一个大致的了解。不过，周小易的心里却仍然难以平静下来。

**一件事，如果做得不好或者失败了，固然让人感到沮丧和失望；但是，如果人家连你做的机会都不给，那种沮丧和失望就可想而知了。**

**对，我要用实际行动回击高层的质疑。**

想至此，周小易攥紧了自己的拳头。

**小易管理感悟**

工作能力遭受质疑或难以获得领导信任，是最伤人的一件事。但这也是新任管理者和职场新人必须承受的。只有通过自己的不断努力，才能慢慢赢得领导的信任。除此之外，别无他途。

职场上，即使是你分内的工作，也不一定都能够主导，但是只要有机会参与其中，就会有所收获。



## 005 无领导小组讨论（上）

**激发和调动下属的工作积极性，是每个主管的必修课。尤其是当下属情绪不高或者刚刚遭受某些打击时。**

“周姐，这是我筛选的管理类应届毕业生的简历，您看一下。”袁书彬将一摞简历放到了周小易的桌子上。

“嗯！好，你觉得针对这些应届毕业生，选用哪种甄选工具比较合适啊？”周小易问。

“哪种都可以啊！面试、笔试、智力测验，或者刚刚弄的公文筐也可以啊！”显然，袁书彬并没有经过仔细的思考，便脱口而出。

“这不和没说一样嘛！”周小易笑着说。

“说与不说确实一样，反正咱这些小兵，也没啥决策权啊。”袁书彬说完，自己也笑了。

周小易明白，袁书彬他们俩仍然对上次没能实地参与到销售部经理的公文筐测评耿耿于怀。事实上，周小易心里也不是很舒服。**一方面，她发现公司高层对他们并不信任，这让她感到些许沮丧；另一方面，确实自己在启动前与公司领导沟通过少，没能准确把握领导的意图，导致给了下属过高的期望。**前期将这些新人的胃口吊起来了，后期又没让他们参与其中，对其积极性的打击是可想而知的。

看来以后自己要多注意一些了，周小易暗暗地提醒自己。也许，启用无领导小组讨论，可以重新激发一下这两个年轻人的积极性。

“你们俩来一下。”打定主意后，周小易招呼两位下属过来。

“怎么这么没有精神啊，是不是感觉英雄无用武之地啊？”看见两位下属无精打采地走来，周小易问。

“没有呀。”两个人不约而同地说。

“好，那我们再来研究一下‘无领导小组讨论’吧！”周小易说。

“哦？”袁书彬貌似又来了兴致。

“这又是个什么东东啊？”杨欣欣也挺感兴趣。

“这是一种比较常用的甄选技术，我一直想尝试一下，就是没有机会！周姐，能给我们这个机会吗？”袁书彬问周小易道。

“没问题，这一次，我一定给你们争取下来这个机会。但是，我们一定要做得漂亮才行。”周小易说。

“那是自然。”袁书彬肯定道。

“哦，到底什么叫无领导小组讨论啊？”杨欣欣感觉还是一头雾水。

“无领导小组讨论是指由一组求职者（人数在4~8人不等）组成一个临时的工作小组，对面试官给定的问题进行讨论，并做出决策。面试官不参与讨论，只是对每个应聘者在讨论中的表现进行观察（可以通过专门的摄像设备），对应聘者的各个考察要素进行评分，从而对其能力、素质水平做出判断。无领导小组讨论的关键点在于参加测试的小组成员身份是平等的，没有等级高低之别。”袁书彬详细地给杨欣欣解答道。

“就是看看没有领导的情况下，谁会自发地成为领导呗！”杨欣欣说出了自己的看法。

“一看你就不懂这个方法。无领导小组讨论的目的，不是简单地让小组成员自发地形成领导，而是通过自由讨论，让这个小组自动出现组织者、时间控制者及记录者、参与者等几种身份，然后再根据招聘岗位的特点，分析各类求职者的能力素质。”袁书彬进一步解释，以免杨欣欣产生误解。

“就是说，参与无领导小组讨论的人都是平等的、无差别的，也没有职位或工作上的分工，是吗?”杨欣欣问。

“没有领导的意思是，参与者之间没有上下级之间的关系，这并不意味着没有角色之分。其实，无领导小组讨论本身就分为两种：有角色小组讨论和无角色小组讨论（如图5-5所示)。”袁书彬解释道。

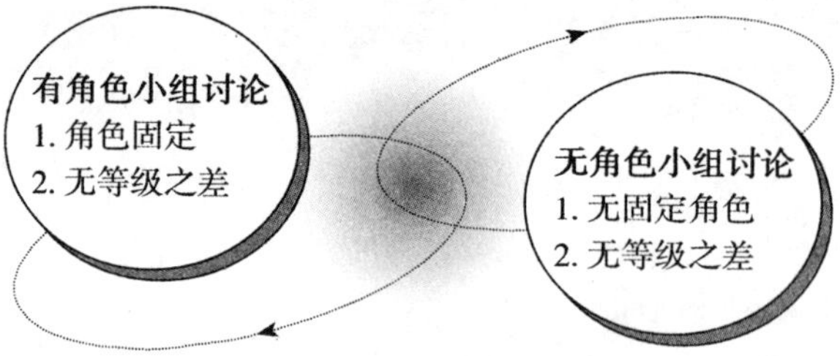


**图5-5 无领导小组讨论类型**

1.有角色小组讨论



有角色小组讨论是指讨论前，由面试官为小组成员设定相关的角色，且这些角色是平等的，没有等级高低的差别（例如，小组成员如果有部门经理级的，那么，其他几位成员也应该是经理级的)，然后就给出的问题进行讨论，并做出决策。有角色小组讨论的关键点在于，求职者在发表意见时，必须符合自己的特定角色。

这种讨论方法应用的频率要少于无角色小组讨论。

2.无角色小组讨论

无角色小组讨论是指在讨论前，面试官没有为求职者制定角色，而完全由求职者自由发挥的一种讨论形式。对于求职者来说，无角色小组讨论更易于发挥自身的特长，因为，角色可以通过自己的努力获得，而且还不用考虑固定角色给自己带来的限制。

“通过一个问题的讨论来全面评估一个人的能力和素质，那么，对这个问题的设计要求也应该是蛮高的吧！”杨欣欣继续问。

“当然了，无领导小组讨论的问题一般都属于开放式、非客观性问题，往往没有标准答案。问题的设计需要考虑以下几方面因素：**第一，能否考察出招聘岗位所需的能力素质；第二，难度如何，是否能发挥求职者的创新精神；第三，是否存在漏洞或者缺陷等。**”袁书彬回答道。

“那么，这些讨论的问题，都是何种类型呢?”杨欣欣好像要打破砂锅问到底。

“无领导小组讨论所涉及的问题一般包括五类（如图5-6所示）。”袁书彬在白板上详细地列出了无领导小组讨论经常采用的问题类型。

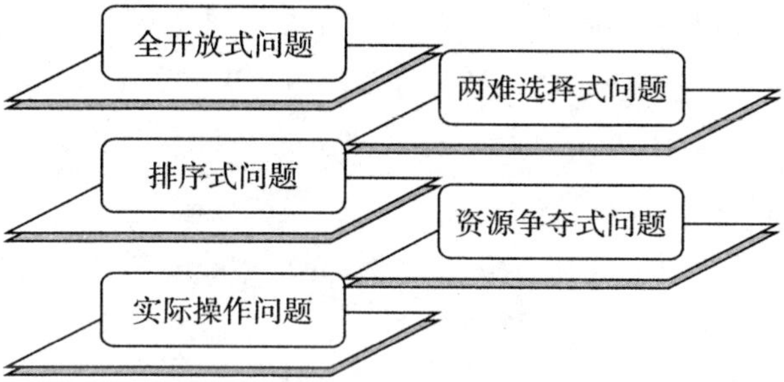


**图5-6　无领导小组讨论的问题类型**

1.全开放式问题

这类问题答案的范围可以很广、很宽，主要考察求职者思考问题时是否全面，是否有针对性，思路是否清晰，是否有新的观点和见解。这类问题示例如下：

（1）你认为作为一名领导，最重要的素质有哪些（列出三项）；

（2）请设想一下30年后，我们的生活会有哪些改变（举出三项）；

（3）假如从来没有战争，地球现在会是什么样的（试举三例）。

2.两难选择式问题

这类问题是让求职者在两种互有利弊的答案中选择其中的一种，主要考察求职者分析能力、语言表达能力以及说服力等。这类问题示例如下：

（1）对于企业来说，资金和技术哪一项更重要；

（2）你认为工作中，是内行领导更好还是外行领导更好；

（3）理想与现实，你认为哪一项更重要。

3.排序式问题

这类问题是让求职者在多种备选答案中选择其中有效的几种或对备选答案的重要性进行排序，主要考察求职者分析问题实质、抓住问题本质方面的能力。这类问题示例如下：

（1）请对下列野外生存用具的重要性进行排序：帐篷、指南针、刀具、炊具、雨具、食品、淡水、药品。

（2）地震发生时，如果让你从屋里带走三样东西，你会选择哪三样：存折、现金、电脑、衣物、粮食、宠物、家具。

4.资源争夺式问题

这类问题适用于有角色的无领导小组讨论，是让处于同等地位的求职者就有限的资源进行分配，从而考察求职者的语言表达能力、分析问题能力、概括或总结能力、发言的积极性和反应的灵敏性等。这类问题示例如下：

（1）公司准备编制一项500万元的临时预算，你认为应该如何在部门之间分配；

（2）公司将要更换10台新电脑，你认为应该如何在部门之间分配。

5.实际操作问题

这类问题是给求职者一些材料、工具或者道具，让其利用所给的这些材料，设计出一个或一些由面试官指定的物体来，主要考察应聘者的主动性、合作能力以及在实际操作任务中所充当的角色。这类问题示例如下：

（1）设计一个用纸做的桥梁，要求能够承担一定的重量；

（2）用废旧的报纸设计一把椅子。

“明白点儿了，那么我们下一步该干什么呢？”杨欣欣看了看周小易问。



“我打算以这次管理类应届生甄选为契机，试验一下无领导小组讨论这个技术，怎么样？有信心做好吗？”周小易问道。

“有。”两个人异口同声地答道。

**小易管理感悟**

小组讨论的问题是为考察项目服务的，如果大部分求职者都无法体现其具有的某项能力，那只能说明问题本身设计失败了。

企业不同，问题的设计也应该有所区别。如果从网上或其他公司照搬一些问题，不仅无法起到预期的测试效果，还可能导致求职者之间的不公平（有些求职者可能事先已经见过这些问题了）。

## 006 无领导小组讨论（下）

**有领导参与的工作，虽说会多很多麻烦，但推进起来也会容易很多。**

为了能使两位下属更加熟练地操作无领导小组讨论，周小易将这个任务分成了三个阶段，并且在白板上画了出来（如图5-7所示）。

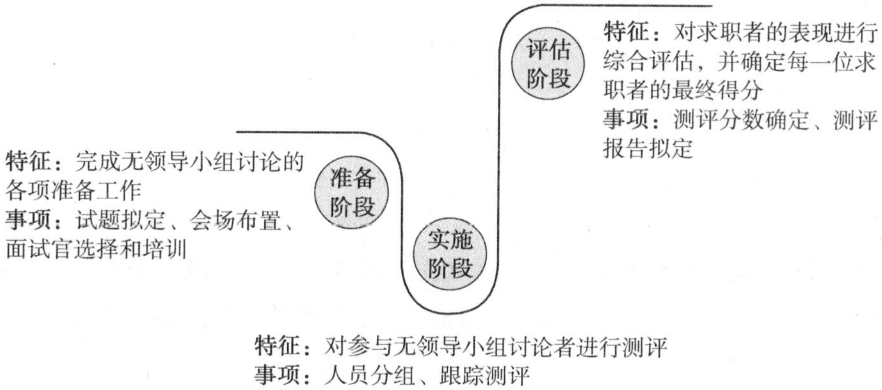


图5-7 无领导小组讨论实施的三个阶段

“周姐，我们这次甄选准备拟定个什么样的题目啊？”杨欣欣看着白板上的步骤图问。

“题目嘛！听黄主任说，这一次的题目是由张总亲自拟定的，等一会儿我传给你们看啊。”周小易回答道，并且很快传了一份试题给两位下属（如图5-8所示）。

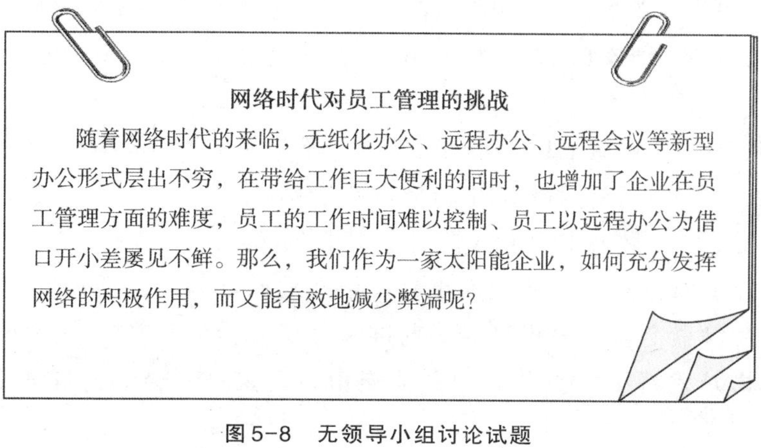
网络时代对员工管理的挑战

随着网络时代的来临，无纸化办公、远程办公、远程会议等新型办公形式层出不穷，在带给工作巨大便利的同时，也增加了企业在员工管理方面的难度，员工的工作时间难以控制、员工以远程办公为借口开小差屡见不鲜。那么，我们作为一家太阳能企业，如何充分发挥网络的积极作用，而又能有效地减少弊端呢？

图5-8 无领导小组讨论试题

“周姐，咱们也可以搞远程办公或者在家办公吗?”看了看问题，杨欣欣问。

“想得美啊!”周小易回答道。

“那老大为什么出了一个这样的题目呢?”杨欣欣继续问。

“老大嘛，总是高深莫测的。你就只管干好自己的工作得了。”周小易说。

“哎！我还以为需要咱们从网上找些题来呢。”杨欣欣不无失望地说。

“行了吧！给你个这么好的锻炼机会，如果用从网上搜来的题，岂不是可惜了。”袁书彬说。

“即使是你自己设计的题目，这次不也没有机会了。”杨欣欣回复了袁书彬一句。

“这次没有机会，以后也会有的。毕竟老大不能每次都自己出题嘛！其实，也是看到上次搞的公文筐不错，老大来了兴趣。”周小易解释道。

“好吧！周姐，下一步我们该干什么?”袁书彬问。

“好，现在我把工作布置一下，欣欣你去行政部和他们沟通一下，希望能借调过来两个人，协助我们完成测试；书彬，你去咱们公司的小会议室布置一下，按照你理解的测评要求布置，明白了吗?”周小易说道。



“太简单了。对了，咱们自己人不够用吗？干嘛借调人啊?”杨欣欣问。

“通常情况下，无领导小组讨论每组5~10个人，按照一对一的原则，我们至少需要五个面试官。你让他们在今天下午下班前后来吧！咱们一起培训下。”周小易解释道。

“好的。保证完成任务。”两个人很快出发了。

全能的主管，必然会培养出无能的下属。要想让下属成长，必须让他们参与进来，哪怕参与不到核心业务，也要让他们感觉自己受到了重视，也是核心团队的一分子。

“周姐，你过来看看吧!”完成了会场的布置，袁书彬给周小易打电话。

“好的。”周小易很想看看袁书彬是如何完成这个任务的。

“蛮不错的。”袁书彬用七八把椅子将小会议桌围了起来，在这个小圈的两侧又放置了两把椅子，还把周小易发给他的问题写到了会议室的白板上。在这个圆会议桌上，袁书彬已经提前准备好了几份稿子和笔。周小易心想，看来袁书彬是颇费了一点儿心的。他连用圆会议桌、会场的灯光都考虑进来了。

“您再看看这儿。”袁书彬指着墙角的一盆盆景说道。

“嗯！你还设置了摄像头？”周小易注意到盆栽上挂有细电线，不仔细看还真看不出来呢。

“当然，这样可以重点监测某一对象，以免遗漏啊！”袁书彬说。

“你想得很周到。”周小易表扬了一句。

“当然。您看看还缺什么啊？”袁书彬问。

“差不多了，”周小易看了看时间，又跟袁书彬说，“赶紧回办公室吧！估计从行政部借调的人该来了。”

除了自己的两位下属和从行政部借调的人，黄主任还临时把部门其他同事也全部借调过来了。这样，参与本次无领导小组讨论甄选活动的面试官就超过了十人。当然，虽然名称叫做面试官，实质上，大家的主要任务就是——观察、记录。

“呵呵，人不少嘛！”满眼望去，办公室里全是人，这让周小易顿感兴奋。

“你看我多支持你工作，不光把兵借给你了，我自己还亲自上阵了。”苏米杭笑着说。

“多谢！多谢！”周小易假装作痛哭流涕状。

接着，周小易按照自己的想法，开始对这些菜鸟面试官进行培训。

首先，她向所有人介绍了一下即将进行的无领导小组讨论的整体操作流程和任务清单（如表5-4所示）。

“周姐，我有一个问题啊。”杨欣欣问。

“说吧。”周小易回答道。

“主持人是谁啊？”很显然，杨欣欣对这个角色比较垂涎。

“我看就由你来担任吧！”周小易笑着说。

“那主持词怎么办啊？现场发挥？”杨欣欣继续问。

“呵呵！你就自己琢磨着写吧！网上也不少。”周小易说。

“对了，小易，我看你这个操作流程里面，反复提到面试官做好记录工作，那到底该记录些什么呢？或者说哪些行为比较重要应该记录呢？”苏米杭问。

“还是米杭问的问题一针见血啊，”周小易又继续说，“接下来我就重点讲几项该记录的内容（如图5-9所示）。”

“OK。如果大家都明白了，那么，我们就明天下午两点准时在会议室集合吧！”培训结束后，周小易嘱咐道。

表5-4　　讨论实施阶段任务清单

| 阶段 | 面试官任务 | 求职者任务 |
| --- | --- | --- |
| 启动阶段 | 1.主持人介绍整个程序<br>2.主持人宣读指导用语<br>3.主持人宣布讨论题目和注意事项<br>4.面试官就位，准备记录 | 1.聆听测试细节<br>2.思考讨论题目（思考时间为3~5分钟） |
| 自由发言阶段 | 1.控制每个人的发言时间，提醒发言超时人员<br>2.记录求职者的主要观点以及行为表现<br>3.观察非发言求职者的表情以及行为 | 1.求职者轮流或随机发言，阐述自己的立场或观点（发言时间控制在3分钟以内）<br>2.其他求职者注意倾听发言人的观点，并适当记录要点 |
| 自由讨论阶段 | 1.面试官不得干涉求职者自由讨论（整个讨论时间控制在15~30分钟）<br>2.面试官对求职者的各种表现进行记录，并为相关评价要素打分<br>3.面试官之间不能相互商量，以免相互影响 | 1.求职者在小组内部阐述自己的观点<br>2.对他人的发言作出适当的反应<br>3.每个小组经过讨论，最后形成一致的结论 |
| 讨论结束阶段 | 1.面试官详细记录各组的意见<br>2.面试官对记录进行整理、归类 | 每一小组推举一人阐述本组最终意见，并提供相关理由 |

### ◎ 现场实测

尽管通知了20多人来公司参加面试，但最终还是只来了15个。

“周姐，就来了15个，咱们怎么办啊？现在开始吗？”袁书彬问。

**面试进行中的记录要点**

- 求职者参与有效发言次数；
- 求职者能否消除紧张气氛，说服别人，调解争议，并创造一个利于交流沟通的氛围；
- 求职者能够提出具有创新性的见解或意见，并敢于发表不同意见；
- 求职者能否倾听他人意见，并互相尊重，在别人发言的时候不强行插嘴；
- 求职者是否具备语言表达、分析问题、记录整理、概括或归纳总结意见的能力；
- 求职者的时间观念；
- 求职者反应的灵敏性、概括的准确性、发言的主动性等

图5-9　面试官需要重点记录的项目

“先进行笔试吧！下午咱们再启动无领导小组讨论，另外，笔试试卷上，增加一项，询问一下，是否参加过无领导小组讨论活动。”周小易嘱咐道。

“好的。”袁书彬拿着一摞笔试试卷出去了。

“周姐，这些来面试的都要参加无领导小组讨论吗？”袁书彬筛掉一部分求职者。

“笔试成绩如何啊？”周小易问。

“都还可以，没有特别低分。”袁书彬回答。

“那就都参加吧！”周小易说。

“15个人，就分成两组，一组7人、一组8人吧！”袁书彬说。

“不，你按照有无参加过无领导小组讨论分成两组即可。”周小易说。

“只有5个人有过这种经历。”袁书彬看着试卷说。

“那就一组10人，一组5人吧！”周小易稍稍想了想又嘱咐袁书彬一句，“你把参与者都编个号吧！然后让这些面试官记住自己跟踪的号码，以免出现

纰漏。”

“好的，明白。”袁书彬说。

经过一个下午的讨论，最终两个小组都达成了一定的共识，并推举出了发言人来阐述本组的意见。各个面试官的评估也有了结论，看似皆大欢喜，但是，周小易却发现了这次活动中存在的诸多问题。

第一，主持人缺乏经验。一个合格的面试主持人不是简单地念几句主持词就算了事，还要适当地调节讨论的进程，确保整个讨论活动在自己的控制范围之内。也许是自己疏忽了，让一个没有主持这类活动经验的人担任主持人。两个小组自由讨论开始阶段都出现过不同时间段的冷场，虽然也有助于考察求职者的反应和打破冷场的能力，但也从侧面反映出主持人驾驭能力的欠缺。

第二，试题的问题。对这道面试题，很多求职者不知从何处着眼来解答，这可能与其自身知识匮乏有关，但也与无领导小组讨论的宗旨相背。这场面试归根结底不是想考住谁，而是促其发挥真实水平。这道题毕竟是张总亲自出的，可能领导也是从企业未来发展的角度着眼来出题。可是，如果领导提出的意见或建议，真的存在不合理的地方，而这些意见或建议又无具体的评判标准，自己又该如何处理呢？也许这就是所说的职场智慧吧！



不过，这道题却从另一方面带给自己一些启发，在面试过程中，确实可以把企业当前或未来面临的一些难题交给求职者，借助他们的智慧寻求解决方案。俗话说，旁观者清，即使他们给出的答案未必能够解决实际问题，也可以提供一些新的思路。

第三，面试官的水平仍有待提升。把提升面试官的水平寄托于一次短暂的培训显然是不现实的，尤其是要做的工作还缺少量化的标准。从目前企业的情况来看，从外部获取高水平的面试官显然是不现实的，只能通过多次培训来稳步提升了。

### 小易管理感悟

无领导小组讨论，不是为了考住某个人，而是要激发每个人的能量，以判断其真实能力。正因为如此，小组讨论的主持人十分关键，其必须能够控制住场面，避免一些熟悉讨论规则的人故意利用规则，妨碍他人发挥。

有些讨论，可以设置一些轮流发言时间，以确保每个人都有机会表达自己的想法。

## 007 实际工作预览

**既然领导给了我们尝试新方法的机会，我们就要善于利用。即使失败了，企业也不会有损失，但不用，就是我们的损失了。**

周一，黄主任按照惯例主持了人力资源部的周会。

“书彬，你把最近甄选技术的应用情况介绍一下吧！”很明显，周小易想给袁书彬一些表现的机会。

“好的，”袁书彬看到黄主任向他点头示意，便开始说，“过去两周，我们共推行了四项甄选技术，除了笔试外，共对125人次使用了其他几项甄选技术，用人部门对甄选效果也还算满意。”

“看来你们招聘工作的改进还是比较有成效的，”黄主任稍稍停了一下，又继续说，“我听说，还是有新招的员工不来报到的，也有来了工作两天就跑了的啊”。黄主任指出了现在招聘工作中仍然存在的问题。

“这个问题，我们正在想办法解决。”周小易说。

“这我就放心了。总之，我就一句话，我愿意做你们的后盾，你们大胆地去

尝试就可以了。”黄主任再次勉励道。

**◎ 事前控制还是事后控制**

散会后，周小易又把自己的两位下属召集起来，谈论黄主任留下的问题。

“周姐，我觉得咱们可以考虑制定一套意愿性的调查，以判断求职者有无可能来咱们企业工作。”袁书彬说。

“哦，这个我感兴趣。可是，该怎么做呢？”杨欣欣问。

“其实，也就类似一个调查表，根据求职者的就业偏好、性格特征以及以前单位的离职原因等综合评价来咱们公司工作的可能性。”袁书彬说。

“通过这几个维度就能准确评价了？”杨欣欣表示怀疑。

“嗯！欣欣说得有道理。我们无法保证其信度和效果，而且还可能浪费大量的时间和精力。”周小易否定了袁书彬的想法。

“如果在求职者来面试之前，就能筛除其中的不愿意来的人就好了。那样，我们面试和甄选也就可以减轻压力了。”杨欣欣说。



“思路很对，最好的解决方案，永远是实现事前控制。也许真实工作预览技术能够帮助我们。”周小易说。

“啊！这个技术目前使用的企业好像不多啊！“袁书彬说。

“既然领导给了我们尝试新方法的机会，我们就要善于利用。即使失败了，企业也不会有损失，但不用，就是我们的损失了。”周小易笑着说。

“什么意思啊？这个技术很牛吗？”杨欣欣又是一头雾水。

“也不是，就是目前应用的企业比较少，而且效果好像也并不是很明显。”袁书彬说。

“那周姐说的，不用就是我们的损失了，是什么意思呢？”杨欣欣问。

“呵呵。只可意会不可言传哦。”袁书彬笑着说。

**◎ 什么是真实工作预览**

“周姐，到底什么叫真实工作预览啊？听名字好像是，让求职者大致把工作内容过一遍的意思。”杨欣欣问。

“其实也差不多，很多企业研究了半天甄选技术，后来发现，现实中的工作才是最有效的甄选工具。”周小易解释道。

“简单的，也许是最有效的。就是这个意思吧！”杨欣欣想了想又问，“这与工作说明书又有什么区别呢？”

“真实工作预览，本质上是一种招聘哲学，与其他招聘方法最大的区别在于，它力求通过向求职者传递全面的、真实的工作信息，使其自主判断是否愿意、有能力从事该工作，”周小易继续解释道，“真实工作预览，不仅介绍了企业的优势、从事该工作将会得到的好处，也会告诉求职者一些不利的因素，如可能需要加班、户外工作或者出差等。”

“哦，很多求职者不就不来了嘛！”杨欣欣说。

“对啊！就是要筛除一些意愿不高的求职者，以减少后续甄选的工作量。”周小易说。

“这不挺好的嘛！为什么很多企业不愿意用呢？”杨欣欣表示不解地问。

“现在很多企业都处于抢人模式，这种主动曝光缺点的做法，很难成为主流的。”周小易进一步解释道。

“我们企业如果引入这种方法，会不会也存在风险啊？毕竟我们也正在抢人啊。”杨欣欣担心地问。

“不错，所以我的计划是，先选择几个放弃入职较多的岗位试验一下，看看效果再说。”周小易说出了自己的打算。

**◎ 真实工作预览实操**

“周姐，我在网上查了半天也找不到一份工作预览的范本，你能给我们讲讲该怎么做吗？”袁书彬和杨欣欣沮丧地向周小易求助道。他们已经习惯了先从网上找一些工作范本，然后再根据企业的需要设计出理想的方案，但是，一旦没有参照物了，他们也就不知道该如何做了。

“你们觉得真实工作预览应该是个什么东东呢？”周小易也不想直接告诉他们答案，便回了一句。

“我觉得应该是一张图表吧！可能一段真实工作场景的视频会更好些。”杨欣欣说。

“尽管视频更加真实，但是要清晰描述一天的场景也太长了，即使走马观花，也需要很长时间，明显不太合适。不过，在求职者来企业等待面试时，播放一段视频也是不错的选择。所以，我觉得工作预览还是做成一份PPT或者一张图表为好。”袁书彬说。

“哦，你们不是有结果了吗？那就做成一张图表吧！如果是PPT的话，花费的时间也比较多。”周小易顺着他们讨论的话题说道。

“可是内容呢？”两个人又犯嘀咕道。

"好吧！我投降了。真实工作预览是要让求职者了解未来工作全貌的，所以，一份工作预览至少要包括这样几部分内容。"周小易一边说着话，一边在白板上画着图（如图5-10所示）。

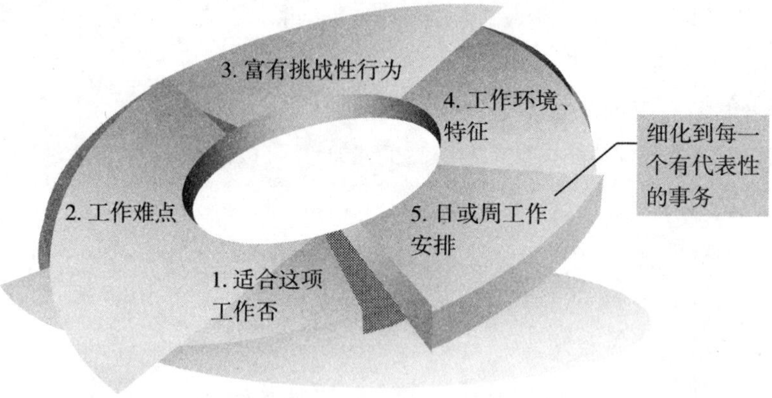


图5-10　工作预览的项目

"还有吗？"两个人一边记录，一边问。



"这是核心内容，你还可以加上一些薪酬福利区间等能够影响求职者决策的因素。"周小易说。

"大致了解了。"两个人说。

"了解了就好，就以'招聘专员'这个岗位为例，给我做一份工作预览出来吧！下班之前交给我。"周小易清楚，如果自己这个岗位的工作预览都做不出来，就不用给其他岗位做工作预览了。

"这个……"两个人面面相觑。

"好了，执行吧！"作为主管，有时候就应该给下属一点儿压力，否则是很难出成绩的。

### ◎ 真实工作预览样本

快下班时，两个人将做好的工作预览样本交了上来。很显然，这份东西集合了他们两个人的智慧（如表5-5所示）。

表 5-5　**真实工作预览样本**

| 招聘专员岗位工作预览 | | | |
|---|---|---|---|
| **这是一个什么样的岗位** | 这是一个典型的事务性岗位，需要花费大量的时间从事简历筛选以及面试组织与安排等工作，同时，需要与各个可能利用的渠道合作单位保持联络和良好的关系 | | |
| **你适合这个岗位吗** | 这个岗位需要你保持耐心，并且能够随时想出招聘的解决方案，否则，其他用人部门会抗议和不满的 | | |
| **每日工作预览** | | | |
| **工作内容** | **花费时间** | **标准** | **环境** |
| 发布或更新招聘信息 | 30 分钟 | 保持最新 | 室内 |
| 筛选简历 | 2 小时或更长 | 准确 | 室内 |
| 与领导及各用人部门沟通 | 1 小时或更长 | 满意 | 室内 |
| 安排、接待与组织面试 | 30 分钟或更长 | 无纰漏 | 室内 |
| 与学校、政府或中介机构联络 | 2 小时或更长 | 目标达成 | 室外 |
| 工作交流或沟通 | 30 分钟或更长 | — | 室内 |
| **工作难点** | 利用最少的钱、最短的时间招到合适的人 | | |
| **富有挑战性的工作项目** | 需要花费大量的时间筛选简历，容易让人眼花 | | |
| **你将获得哪些支持** | 领导和同事，都会帮助你完成工作，并给予一定的指导 | | |
| **你将获得的报酬和机会** | 这个岗位报酬处于中等偏低水平，大约为：××~××元；由于本公司属于成立不久的企业，因此晋升机会可能较多 | | |

“呵呵，我了解你们两个对这个岗位、对企业的真实想法了。”看着这份工作预览，周小易笑着说。

“啊！周姐，你这是下了个套吗?”两个人抗议道。

“没有，开个玩笑。我看你们弄得还不错，下面就找个岗位试试吧！”周小易给他们两个吃了一剂定心丸。

### 小易管理感悟

在一个企业里，能够让你尝试新东西的机会本就不多，如果机会来了，让其白白溜走就是自己的损失了。真实工作浏览技术，无论是否有效，也不管其能否发挥应有的作用，但对于这些HR人来说，尝试，本身就是学习和积累经验的机会。

## 008 HOLD住！面试控盘六式

**当你面试过10个人，看清一个人，很难；当你面试过100人，发现看清一个人并不算难；当你面试过1 000个人后，就会发现，看清一个人，也许很容易。**

**面试，需要技术，需要方法，但更需要经验。**

袁书彬、杨欣欣两位新人第一次跟随周小易参加了面试的初试环节。事实上，周小易也是最近才获得独立初试求职者的机会的。当然，这一方面体现了黄主任对周小易的信任；另一方面也说明周小易的努力和进步获得了黄主任的认可。不过，目前，她们的初试还仅限于基层岗位，部门经理级员工的面试和甄选仍然由集团人力资源部控制。

“周姐，你问求职者的那些问题都是事先准备好的吗？”杨欣欣对面试进行中周小易抛出的一个接着一个的问题比较好奇。

“这个嘛！我只是根据岗位的特点和需求准备了一些儿，大部分问题都是根据求职者的回答临时提出的。”周小易回答道。

“哦，我就是想知道，面试的问题可以全部提前准备好吗？”杨欣欣继续问。

“你说的情况也是有的，结构化面试就是如此。周姐今天采用的是非结构化面试。”袁书彬解释道。

“正好，你就给我再仔细解释一下吧！看你这么专业。”杨欣欣对袁书彬说。

“呵呵，表现机会啊！通常情况下，按照试题是否事先拟定，可以将面试划分为结构化面试和非结构化面试。”袁书彬说。

“你刚才说过了，我让你解释一下，什么是结构化面试，什么是非结构化面试。”杨欣欣追问道。

“结构化面试，又称标准化面试，是指在面试前已经将试题、评价标准设计好了，面试官只需按照程序做就可以了。”袁书彬回答道。

“哦，那样的话，是不是我拿着一份面试试卷就可以做面试官了。”杨欣欣问。

“呵呵！相对于非结构化面试，可能更好掌握一点儿，但也没有你想象的那么简单啊，也需要面试官根据求职者的临场表现进行评估。事实上，很多关于人的问题，都无法量化到每个细节，最后还要靠面试官。正因如此，即使结构化面试，有时候也需要面试官灵活掌握尺度。”周小易替袁书彬解释道。

“看看，周姐解释得就是比你详细，”杨欣欣冲着袁书彬说了一句，又继续问，“结构化面试，咱们公司应用得多吗?”

“这种面试方法对试题设计的要求比较高，在大企业以及政府机关面试时比较常用，反倒是像咱们这种中小企业很少使用。”周小易说。

“对啊！我来咱们公司之前参加的几场面试就没有一家是结构化面试的。”袁书彬补充了一句。

“行了吧！那说明你没获得过大企业的面试机会而已。”杨欣欣揶了袁书彬一句。看着袁书彬没有话说了，杨欣欣又问：“像这种非结构化面试，又该如何提问呢？一些专业性的问题通过笔试不就可以了，为什么一定要走面试这一环节呢?”

“呵呵！你已经在质疑面试存在的必要性了。”周小易笑着说。

“没有，我只是不理解，既然可以通过笔试考察一些知识，为什么还要有面试？毕竟笔试比面试更省事嘛!”杨欣欣解释道。

“这是因为面试不仅要考察求职者知识能力的掌握，更要考察求职者的性格特征与企业、用人部门的文化匹配度。正所谓道不同不相为谋，如果一个求职者不能获得用人部门负责人的认可，即使招进来也是没有意义的。这也是为何面试

的最后关口都由用人部门负责人把关的原因。”周小易解释道。

“哦，明白了。可是，周姐，面试时该如何提问呢？那些问题好像事先准备好的一样，如果让我当面试官我都不知道该问一些什么？”杨欣欣说。

“对啊！我也正想问这个问题呢！”袁书彬跟着说。

“呵呵！你们问的问题也是我这两年一直在向黄主任学的东西，也总结了一点儿方法。”周小易说。

“哦，周姐，那就快把你总结的‘武林秘籍’传授给我们吧！”杨欣欣催促着。

“就是啊！周姐，我们两个可算是你的嫡传弟子了，如果连个面试都搞不定，也丢你的面子啊！”袁书彬又添了一把火。

“行了，别再恭维我了，再恭维我就当真了，呵呵！”周小易一边笑着，一边从抽屉里拿出一个小本本。一见到这种情景，杨欣欣和袁书彬也赶紧跑回座位拿出了笔记本。

**◎ 面试六式**



“关于面试的方法，我一共总结了六种招数，”周小易看了看他们两个，又接着说，**“第一式：有备方能无患。”**

“就是面试准备呗！”杨欣欣复述了一遍。

“不是要事先把每个求职者都研究一遍吧！”袁书彬问。

“当然不是，那样既浪费时间，又没有效率啊！求职者是变的，但你招聘的岗位却是不变的。因此，所谓的面试准备都应该围绕招聘岗位进行。也就是说，你在参加面试前需要对岗位需求有一个清晰的了解，包括需要找一个什么样的人，这个人需要具备何种知识、能力，乃至于性格特征等等。”周小易解释道。

“哦，还是需要背熟我们的招聘需求啊！”杨欣欣又嘀咕了一句。

**“第二式：‘三点一线’作开端。**这一招式是帮助面试官切入正题的。所谓的三点，指的是疑点、要点和空白点，而一线，指的是求职者的职业生涯通道。”周小易解释道。

“周姐，能再说得具体点儿吗？我们还是不理解啊！”杨欣欣继续问。

“通常情况下，求职者刚进入现场后，面试官都会要求其做一个自我介绍，而后，面试官需要快速地浏览简历，找寻‘三点一线’的内容，并围绕这些内容发问。疑点，是指简历中值得推敲或可疑的地方，如教育经历与年龄不符等；要点，指的是与所应聘岗位相关的知识、能力或经历等，例如，一个应聘仓管员的求职者在以前的企业曾经做过类似的工作，那么，面试官就可以详细地询问一下其工作职责等内容；空白点，指的是经历中存在的明显空白时间段，即上一份工作结束时间与下一份工作开始时间之间的空白期，如果过长，就需要询问其缘由。通常情况下，面试非基层操作类岗位，都可以对求职者的职业生涯规划进行询问，以判断其能否为企业长期工作或与企业对其期望相符。”周小易详细地解释道。

“哇！好多内容哦！”杨欣欣一边快速记录，一边说道。

“好，我等等你们。”周小易笑着说。

“别了，咱们继续吧！”杨欣欣说。

**“第三式：快慢相宜控全局。**通过前面的发问，你应该对求职者的特点有了一个大致的了解。接下来，就要根据招聘岗位的要求和求职者的特点调控面试节奏了。”周小易介绍道。

“哦，这点很关键啊！”两个下属不约而同地说。

“一个优秀的面试官，一定是一个调控现场气氛的大师。”周小易说。

“等等，不是说，每个面试官都有自己的风格吗？”杨欣欣问。

“不错，每个面试官都有自己的风格，但也会根据招聘岗位的特点和求职者的性格适当地调控啊！比如，我们要招聘的是技术类岗位，而求职者恰恰不善言谈，那么，我们就需要适当地引导，尽可能地让其展现自己最真实的一面；如果我们招聘销售员，而求职者又是那种锋芒毕露的，那么，我们就需要采用步步紧逼的压迫式面试，挫其锋芒，显其真身。”

“压迫式面试，能给我们示范一下吗？”杨欣欣继续追问。

“比如，一个求职者告诉你，他曾经在一年内完成了1 000万元的销售额，而你认为肯定有水分，就可以采用连环追问的压迫式面试，如上半年的销售额是多少？哪个月份销售得最好？为什么会销售得那么好？某些月份销售不好是何种原因造成的？等等。总之，如果真有水分的话，一连串不容思考的问题下来，也就该水落石出了。”周小易说。

“厉害！厉害！周姐，这是在哪里学的啊？”袁书彬问。

“都是向黄主任学的呗！以后有机会我也带你们去看看黄主任的面试吧！”周小易说。

“好啊！不过，以后您多带带我们就好了。”杨欣欣说。

**“第四式：以点带面寻突破。**非结构化面试中的很多问题都是面试官根据求职者的经历或回答随机发问的，因而，当你发现求职者的回答存在疑点、感兴趣

的地方或者与岗位需求有关的地方时，可以进行追问，然后，再根据求职者的回答做进一步的追问。”周小易解释道。

“明白了。周姐在刚才的面试过程中就曾使用过这招。”袁书彬说。

“不错。这是最常使用的招法。”周小易回答道。

“面试时，可以用什么样的问话方式呢？”杨欣欣问。

**“第五式：多样提问辨英才。**其实，面试过程中可以使用的提问方式有很多种，但尽量不要太死板，例如，可以采用一些情景类问题、行为类问题或创意类问题。”周小易解释道。

“这些问题能给我们举个例子吗？不太懂哦！”杨欣欣说。

“情景类问题，比如，假定你是一家公司的销售经理，现在市场销售形势恶化，你将会采取哪些措施扭转这种局面；行为类问题，比如，你能谈谈你过去是如何处理不按规章制度办事的优秀员工的吗；创意类问题，比如，一支铅笔你能给出十种以上的不同用法吗。”周小易详细解释道。



“如果问了一半冷场了，自己又不知道问什么问题了，该怎么办啊？”杨欣欣问。

“哎！那就可以问：关于我们企业，你有什么问题需要了解吗？或者有什么要问的吗？”袁书彬笑着说。

“那不就结束了嘛！”杨欣欣说。

“可不，你都没问题了，还不结束干嘛啊？”袁书彬说。

**“第六式：角色互换免尴尬。**这一招式和上一招式有些相像，不过更具体。假如你在面试求职者时遇到了冷场情况，你就可以直接问求职者：假如你是面试官，你打算如何化解这一冷场呢？当然，除了与面试官的角色互换，也可以让求职者换成正在应聘的岗位。例如，求职者应聘的是业务主管，那么，你就可以直接问：如果你是业务主管，你会问求职者一些什么问题呢？”

“呵呵！把皮球踢给求职者了。”杨欣欣笑着说。

“当然，如果真的冷场了，一定要化解掉，而求职者就是给你‘背锅’的人。”周小易笑着说。

“没了？还有吗？”看见周小易合上了笔记本，袁书彬问。

“没了。我总结的几条全都告诉你们了。”周小易双手一摊说道。

“周姐，你觉得如何才能成为一名优秀的面试官，真的像很多人传说的，看人特准的那种？”杨欣欣问。

"那就需要不断地面试、不断地积累经验了。"周小易说。

"没有捷径吗？比如像你交给我们的这些技巧。"杨欣欣说。

"呵呵！学了一些技巧，只能教会你做一个合格的面试官。而要成为一个优秀的面试官，就只能靠自己了。"周小易说。

**当你面试过10个人，看清一个人，很难；当你面试过100人，发现看清一个人并不算难；当你面试过1 000个人后，就会发现，看清一个人，也许很容易。**

**面试，需要技术，需要方法，但更需要经验。**

小易
管理感悟

面试就是一场战争，掌握主动权就掌握了一切。在面试现场，你若有一丝退却，受影响的可能不只是一次小小的面试，更可能是企业的形象。

## 附：关于面试与甄选的小结

下班后，周小易没有急着回家，而是想把最近一段时间以来从事面试与甄选工作的心得总结一下。毕竟不是给领导写的总结，因而，也比较随意。

**对人才甄选的看法**

第一，不要寄希望于，这些甄选工具能够非常准确、全面地判断一个人。事实上，人是最复杂的动物，这些甄选数据只能作为一个参考。

第二，不能为了甄选而甄选，应选择最有把握的、能够带来实效的工具。

第三，要利用这些甄选数据，做更多有价值的活动。

**招聘人员的参与度**

通过一段时间以来的招聘活动，也让周小易对人力资源部门在人才引进方面的作用有了更加清晰的认识。

第一，人力资源部门可以决定谁被拒之门外，却无法决定谁被请入门内。

第二，对于招聘人员来说，用人部门就是自己的老板，而求职者则是自己的客户。看似风光无限，却是两头谁都不能得罪。

第三，招聘工作所有的努力，就是为了给用人部门负责人或企业最高管理者做选择题的机会，而且，还必须在每个选项后注明作出该选择的好处和风险等。

**高层人员甄选**

事实上，人力资源部门能够对高层管理人员甄选施加的影响非常之小，很多企业的高层管理人员面试都是由最高管理者出马，甚至是老板亲自面试。但是，人力资源部门并不是就此无事可做了。

首先，高层管理人员的猎取途径，是必须要清楚的。也就是说，可能老板不会让你面试一个副总，但你要知道从何种途径能够找到这样的人来公司应聘。当然，很多人会考虑猎头，这确实是一个不错的选择，不过，通过利用自己的朋友圈或公司高层的朋友圈推荐，也是一个不错的途径。



其次，不能参与面试并不是没有机会做与甄选相关的工作。即使面试由公司最高层掌控，人力资源部门也需要尽可能地做好准备工作，为高层的录用决策提供参考和依据。当然，有时候高层也会指派人力资源部门做关于某一候选人的专项调研或测评，例如背景调查什么的，这时候就是显示自己专业能力的最佳时机，无论高层给的任务多么不重要、多么小，作为人力资源部门都要将其看做一件非常重要的任务来完成，并尽可能细致地做好。

**销售人员甄选**

好像所有的企业都缺销售人员，也都在招销售人员。有些企业甚至饥不择食，只要敢来，我就敢要。事实上，很多企业对销售人员的面试与甄选都停留在口才与销售技巧方面，这也直接造成了很多销售新人的误解：口才+技巧=签单。事实上，一个优秀的销售人员光有口才和技巧是远远不够的，还需要具备一定的韧性（无论遇到多大的困难，都不后退）、过硬的心理素质以及较强的学习能力。像SN这样的太阳能公司，口才和技巧在面试中所占的比例更低。

**研发人员甄选**

对于SN公司这种没有建立起完善的人才培养机制的小企业而言，研发人员的招聘与甄选尤为重要。不过，由于行业的特殊性，研发部门的高级工程师多是通过猎头和老板亲自外聘获得的，留给人力资源部门的任务就是，找到一些比较有潜力的应届毕业生。很多知名企业的做法是，通过高薪像割韭菜一样，抢夺名牌院校的毕业生，作为不知名的企业就没有这个实力了，只能老老实实地去一些次一流院校，耐心地寻找那些知名企业的“漏网之鱼”。当然，黑马一定不在知名院校，所以，只要耐心寻找，就一定会有所收获。

不过，对于这些未来之星的筛选，除了一致公认的创新思维外，还要重视对其研究习惯、职业目标的考察。通过一年多的观察，周小易发现一个现象：一个拥有较强信念和毅力的人，很可能要优于具有较高创新能力的人。

# 第6章

# 招聘，没有最好只有更好

任何招聘技巧或方法都无法从根本上解决招聘难题，但如果能够建立科学、完善的招聘系统，那么，你的招聘工作效率倍翻将不是梦。

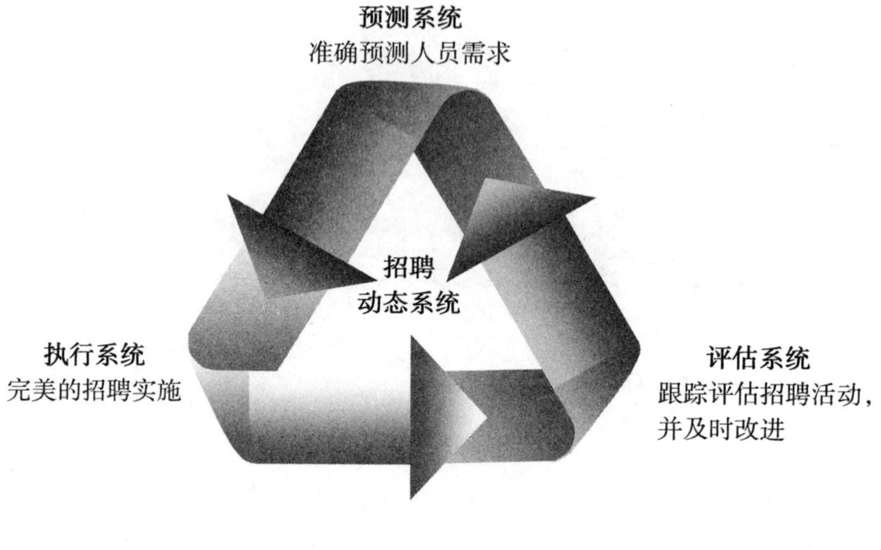
预测系统
准确预测人员需求
招聘
动态系统
执行系统
完美的招聘实施
评估系统
跟踪评估招聘活动，
并及时改进

## 001 薪酬谈判“323法则”——化解冲突

**谈判，不是一场零和游戏，而是努力在争吵中实现双赢。如果双方将目光聚焦于眼前的利益，那么，实现双赢就会遥不可及，而如果能够从对方根本利益出发，通过根本利益与眼前利益置换，则双赢就将不再遥远。**

“周姐，搞定了吗？”周小易刚完成一次薪酬谈判回到办公室，袁书彬和杨欣欣便问道。

“欣欣，这个东西给你，去给他办理入职吧！”周小易笑着将一个叫魏力的求职者的简历和其他资料交给了杨欣欣。

“OK。”杨欣欣答应道。他们知道，这就意味着薪酬谈判完成了。其实，这并不是周小易第一次完成薪酬谈判，但相对而言，这一次格外能够引起两位下属的好奇。魏力个人能力很强，据说在原公司的薪酬水平要比SN高一大截，同时，这个人又是研发部季经理看中的“潜力股”。

“周姐，就凭咱们公司给的那点工资，你是怎么把他给骗过来的啊？”杨欣欣问。其实，在很多人眼里，所谓的薪酬谈判，无非是企业想方设法用比较低的工资骗求职者入职的游戏。

“我这可不是诓骗。我这是姜太公钓鱼，愿者上钩。”周小易笑着说。

“哦，看看，还是钓上来的吧！不过，我们还是想听听你是怎么把他给钓上来的。”袁书彬说。

“看来我是要给你们上一堂薪酬谈判课了。帮你们洗洗脑，不要整天净想着骗人。”周小易也觉得有必要让自己的两位下属树立正确的薪酬谈判观。

**◎ 薪酬谈判“323法则”**

“我跟你们说，我所做的薪酬谈判一向都是遵守‘323法则’的，绝不是你们所想的骗人游戏。靠欺骗只能让人家进来，并不能让其长久地为企业服务。”周小易一边再次重复自己的理念，一边走到白板前，画出了“323法则”模型（如图6-1所示）。

“谈判准备，指的是参与薪酬谈判前需要做的工作吧？”看着白板上的图表，袁书彬问。

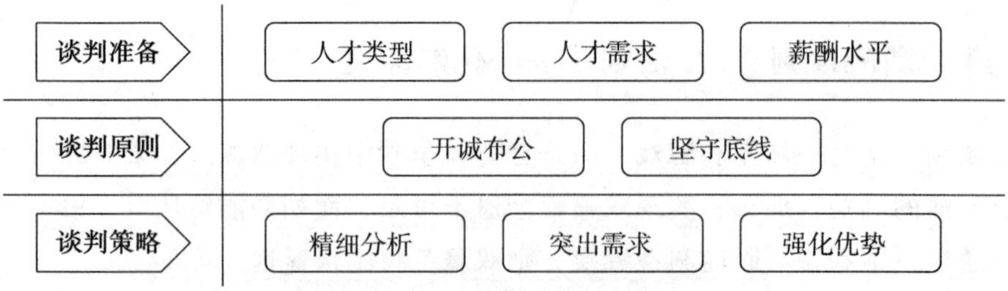


图6-1　薪酬谈判"323法则"模型

"俗话说，不打无准备之仗。如果到了谈判现场还对求职者的情况不甚了然，那么，不仅不利于谈判工作，也是一种对求职者的不尊重、不重视。"周小易解释道。

"人才类型，和谈判准备有关系吗？"袁书彬表示质疑。

"这里的人才类型是企业根据人才紧缺程度进行的分类，我把企业所需求的人才分为非常紧缺、一般紧缺和普通几个级别。如果属于非常紧缺，那么薪酬谈判就要非常小心了，一旦把这样的人才弄丢了，对企业的损失也许会很大哦，反之，针对普通型人才的薪酬谈判就比较有优势了。"周小易解释道。



"哦，明白了，这还是要看人下菜啊！像我们这类人就属于普通型人才了。"袁书彬感慨道。

"没办法，这其实也是市场供需变化的一种反应。"周小易说。

"人才需求，指的是什么呢？"袁书彬继续问。

"尽管很多人都非常看重薪水，但还是有人会看除了薪水以外的因素，如是否经常出差、是否经常加班、升职潜力以及培训机会等。作为招聘人员，在进行薪酬谈判前，必须准确了解求职者最看重的因素是什么。"周小易解释道。

"哦，也就是说，如果一个人非常顾家，那么，他也许会接受离家近些、相对较低的工资，是这个意思吧？"袁书彬问。

"聪明，就是这个意思。"周小易表扬了一下袁书彬。

"薪酬水平，指的是内部的还是外部的啊？"袁书彬问。

"招聘人员需要了解的薪酬水平，不仅包括企业内部薪酬水平，还包括外部市场平均薪酬水平、求职者原公司的薪酬水平及其期望的薪酬水平等。"周小易说。

"需要准备的东西还不少。谈判原则，是指招聘人员应该遵守的条款吧。"袁书彬说。

“是的，很多招聘人员和你们一样，总是把薪酬谈判看成一种‘零和博弈’，对一方有利，必然对另一方不利。其实，我更愿意将薪酬谈判看成一场‘非零和博弈’，招聘人员和求职者努力寻求双方利益的一致点。”周小易说，

“这个，可能吗?”杨欣欣插了一句。

“呵呵！即使做不到双赢，也不能做成‘零和博弈’啊，这就是我的底线。所以，任何时候，我都主张和求职者开诚布公地谈判。如果企业确实非常欣赏他，那就直接告诉他好了，作为企业方，不能为了防止求职者索要高薪，而故意‘压价’。”周小易说。

“哦，好新鲜啊！那他要是真的狮子大开口，该怎么办呢?”袁书彬问。

“既然开诚布公了，就得让他明白，企业的薪酬标准是非常规范的，大家都要遵守，不会特殊照顾某个人的。”周小易说。

“哦，明白了。这就是第二条谈判原则。”杨欣欣说。

“看来你们两个是一个比一个聪明啊!”周小易笑着说。

“谈判策略，应该是具体的谈判技巧了吧!”袁书彬说。

“完全正确。但要明白，这些具体的策略和技巧可能帮助你赢得谈判的成功，但是绝对不能过于依赖这些技巧，更不能因此放弃谈判的原则。”周小易提醒道。

“精细分析，指的是什么呢?”杨欣欣问。

“所谓的精细分析，指的是将双方的立场、原则、核心需求逐项分析、说明。例如，招聘人员可以详细向求职者解释企业薪酬标准范围，并询问求职者的期望薪酬，然后再进行分析和讨论，以期达成一致。”周小易说。

“那又该如何向求职者介绍企业的薪酬标准呢?”袁书彬问。

“按照企业同等岗位的薪酬区间的下限开始介绍，如果求职者不满意可以适当提升，到了区间上限时，必须向求职者申明，已到自己的最大权限了。”周小易说。

“是不是起薪应该尽可能地低，这样才好后面往上涨啊?像买卖东西时讨价还价那样啊。”杨欣欣好像发现新大陆一样。

“我的建议是，以企业的薪酬标准谈就可以，无需过分压低。如果你压价成功了，求职者答应了，但是入职时间久了，就会有一种被骗的感觉，弄不好会走人的。从另一方面看，如果你给出的‘价格’过低，偏离求职者的期望值或者实际价值太大，可能会让求职者感受到一种侮辱或冒犯，也不利于双方利益的达

成。”周小易给出了自己的理由。很多企业的HR为了能压低一点儿新入职员工的工资，甚至有些不择手段，其实到最后往往是得不偿失的。

“如果求职者的最低期望已经超过了企业提供的薪酬上限呢？”杨欣欣问。

“这就需要谈判的艺术了。首先，为求职者减薪。你可以尝试将求职者以前的薪酬进行分解，例如，求职者原年薪10万元，那么，你就可以帮助其分析结构：月薪多少，奖金多少，年终奖多少，扣除保险和税后，实际能拿到手多少。其次，为自己公司加薪。如本公司的工资、奖金（按中等偏上水平计算）和福利待遇有多少，甚至假期、培训机会等等都可以加上去。这样，即使两个公司的薪酬还有距离，一般也不会太大了。”周小易详细分析道。

“哦，这样看起来好像快扯平了。突出需求，是不是指求职者的需求啊？”袁书彬接过来继续问。

“不错，之所以在准备阶段需要对求职者的核心需求进行全面了解，就是为了能够在薪酬谈判中占点先机。例如，一个求职者放弃以前的工作给咱公司投简历，主要是因为离家比较近，那么，在薪酬谈判中，就需要不断地强化这一点。”周小易解释道。



“强化优势，应该指咱们企业能够提供给求职者的好处吧。”袁书彬问。

“是的。当然，最好这种优势能够与求职者的需求相结合。例如，一个新毕业没有多久的求职者，就可以反复强调公司的发展机遇、晋升空间、培训机会等等。”

“如果工资没有到位，光有这些优势能招到人吗？”杨欣欣表示对此存有异议。

“如果能让人感觉到长期利益是可实现的，我相信，很多人还是愿意牺牲一点儿短期利益的。不过，这里有两个关键点：第一，必须让求职者感觉到长期利益是确实可实现的，而不仅仅是画饼；第二，牺牲的短期利益只能是一点点，不能太多。”周小易一边强调，一边在白板上画了一张冲突图（如图6-2所示）。

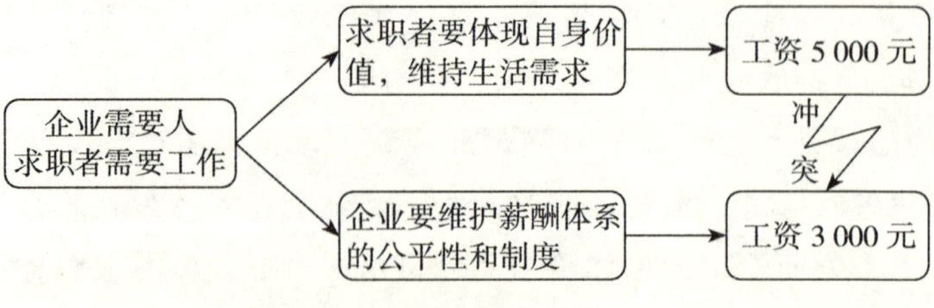


**图6-2　薪酬谈判冲突图**

“你们看看这个冲突如何化解？”完成冲突图，周小易笑着问两位下属。

“企业需要人，求职者需要工作，这应该是所有薪酬谈判的根本出发点，是吧？”袁书彬一边看着冲突图，一边问。

“不错。这个冲突图只是一个例子，但它所反映的问题，就是所有薪酬谈判的核心冲突:一方面，作为企业方需要维护薪酬体系的公平性和制度，不能把工资提升到3 000元以上；另一方面，作为求职者希望工作能够体现自身价值，并维持生活需求，所以，为自己开出了5 000元的价格。冲突该如何化解？”周小易问。

“这个冲突太明显了！”杨欣欣看着直摇头。

“好像双方都没有什么周旋的余地啊！”袁书彬也摇摇头道。

“招聘人员解决这一冲突的要点在于，在工资3 000元的前提下，帮助求职者达成其期望，即体现自身价值、维持生活需求。”周小易开始分析道。

“哦，这样啊！您的意思是，只要能帮助其实现自身价值、维持生活需求就可以了。是吗？”袁书彬问。

“不错。首先，我们的工资标准起薪虽然是3 000元不能变，但是，工资调整的频率却比较高，这样，如果你的业绩足够出色，很快工资就可以达到5 000元了，也就是说，我们的工资是根据员工的价值调整的，如果你有自信就要接受这个挑战。其次，帮助求职者分析生活支出，如果是租房费用较高，那么，可以提出由公司出面代为租房的办法，以降低这部分费用；如果求职者的子女入学费用较高，也可以考虑由企业代为联系。总之，必须表现出公司解决这个问题的极大诚意。”周小易说。

“可是周姐，我们真的能帮助求职者解决这些问题吗？”袁书彬问。

“当然，有的能帮助协调一下，毕竟咱们公司在M市还是有一定影响力的，再说，只要公司尽力了，即使真的没解决好，我相信求职者也会理解的。”周小易说。

“思路决定出路啊！真是听君一席话，胜读十年书啊！”杨欣欣又作出一副极其崇拜周小易的表情。

“行了吧！我这也是给你们做个提示。**最重要的两条：第一，换位思考；第二，此路不通走彼路。**”周小易解释道。

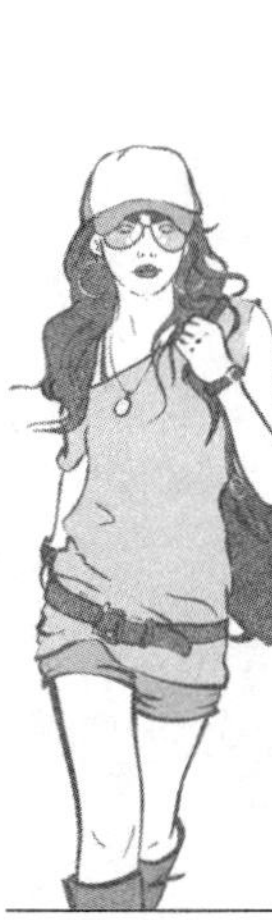

小易
管理感悟

让步非核心利益，换取对方的支持，是很多谈判取得成功的前提，也是企业薪酬谈判成功的保障。如果双方都将目光盯在当前薪酬数额上，那么，有些时候要取得一致确实很难，反之，则比较容易。



## 002 重新梳理招聘工作——系统化

**企业是一个大系统，招聘只是其中一个小零件；而这个小零件本身，又是一个系统。既然是系统工程，考虑问题，就要站在系统的角度来考量，而不能头痛医头，脚痛医脚。**

还是熟悉的咖啡厅，还是熟悉的面孔。

“小易，最近怎么样？招聘主管应该已经上手了吧！”每次来M市出差，齐依阳都会和周小易小聚一下。

“感觉还好吧！”周小易喝了一口咖啡说道。

“嗯！那就好。现在能完全应付得了吧？”齐依阳继续问。

“单就每一项工作来说，应该可以应付。只是感觉自己像救火队长一样，总是一个问题处理完了，又一个问题出现了，工作很被动，每次都弄得很疲惫。”周小易坦诚自己还不能做到享受工作的乐趣。

“很多刚当上主管的同学，都会有这种感觉的。”齐依阳似乎早已料到了周小易现在的状态。

“对了，师姐，你现在该告诉我那三个问题的答案了吧！”周小易指的是，在自己刚上任时，齐依阳留给自己的作业：**如何能招到人；如何能招到最合适的人；如何总能招到最合适的人。**

“我想你应该已经找到了答案吧！或者说，至少找到了前两个问题的答案了吧。”齐依阳说道。

“事实上，在这一段时间里，我也是在工作中发现了前两道问题的答案，可是，至于第三个问题，我却没有任何思路。”周小易说。

“如果能完美地解答这三个问题，那么，你也就不会是现在的救火队长了。”齐依阳笑着说。

“你的意思是，我现在的被动工作，是因为没有找到第三个问题的答案吗?”周小易问。

“完全正确。”齐依阳笑着说。

“可我现在面临的都是一些小问题啊，例如，有时候招聘渠道出现一些问题，有时候自己的两位下属工作会出现失误，还有领导或者其他部门也会时不时发起一顿牢骚什么的。这跟第三个问题好像没有什么必然联系啊。”周小易实在无法理解齐依阳的话。

“你觉得这家的咖啡味道怎么样?”齐依阳突然岔开话题，看了看手中的卡布奇诺问道。

“挺好的呀！”齐依阳的话让周小易有点摸不着头脑，周小易又喝了一小口咖啡后，再次确认，“他们家的咖啡味道一直都不错的。”

“那你有没有想过，他们一天、一星期，甚至一个月，一般会准备多少咖啡豆呢?”齐依阳反问道。

“怎么突然问起这个了！”周小易彻底被齐依阳问糊涂了。

“这么说吧！如果准备的咖啡豆不够，会耽误生意，如果准备过量，又涉及咖啡豆的储存一系列问题，所以咖啡豆的准备要刚刚好。”齐依阳详细说道。

“你的意思是?”周小易还是不太明白。

“我的意思是，这是一个系统工程。你再考虑考虑。”齐依阳笑着说道。

“系统工程?”周小易自言自语道。

**“企业是一个大系统，招聘只是其中一个小零件；而这个小零件本身，又是一个系统。既然是系统工程，考虑问题，就要站在系统的角度来考量，而不能头痛医头，脚痛医脚。”齐依阳提醒道。**

“哦，明白了。”周小易恍然大悟。

**◎ 招聘系统构建**

是的，招聘显然也是一个系统工程。长期以来，周小易被一件又一件的突发事件搞得焦头烂额，根本没有时间系统地考虑过自己的工作。也就是说，尽管自己已经为招聘体系建设作了一些准备，但仍是被动的、从个体着眼的。就如同一个人在盖房子，自己的头脑里没有整个房子的架构，只是随手捡起砖头便垒起墙来。

该如何建立或者说完善这个系统呢？周小易回想起关于咖啡豆的对话，似乎对自己的下一步工作有了初步设想。完整的招聘系统，应该包括或者说至少应该包括三个系统。周小易在笔记本上简单地画出了一个动态系统图（如图6–3所示）。

**图6–3　招聘动态系统图**

“嗯！看来我该干的工作不少啊。”

周小易看着自己画出的图形苦笑着，摇摇头自言自语道。

**小易管理感悟**

和很多管理方法一样，预测、执行与评估不仅可应用于招聘系统，也可以应用于其他管理职能领域。但系统的构筑本身也是一件非常复杂的工作，涉及很多工作的流程、指标以及细节。

## 003 招聘预测——与战略链接

**企业内所有活动都是为企业整体目标服务的，企业内的每件工作都通过各级目标与企业整体目标相连。正因为如此，你无论做什么工作，都不能忘记企业的整体目标、企业的战略。**

### ◎ 人力资源需求预测

“周姐，想什么呢?”看见周小易对着电脑发呆，杨欣欣问道。

“没有什么，只是想一想咱们下一步的工作安排。”周小易随口答了一句。

“哦，那我们该干点儿什么呢?”听到下一步的工作安排，袁书彬也凑了过来。

“你们觉得，如何才能为招聘工作打好提前量呢？也就是准确地预测到招聘需求，而不是被动等待其他部门提交招聘需求申请表。”周小易也想听听两位下属的意见。

“不懂。”杨欣欣一边摇头，一边说道。

“这就属于人力资源需求预测的范畴了，”袁书彬回答道，“就是指根据企业的发展规划和企业内外部条件，选择适当的预测技术，对人力资源需求的数量、质量和结构进行预测。”

“哦，好复杂啊！到底应该怎么做呢?”杨欣欣继续问。

“这个嘛，就涉及人力资源需求预测步骤的问题了。”袁书彬看了看周小易，得到肯定的暗示后，在白板上画了一幅程序图（如图6-4所示）。

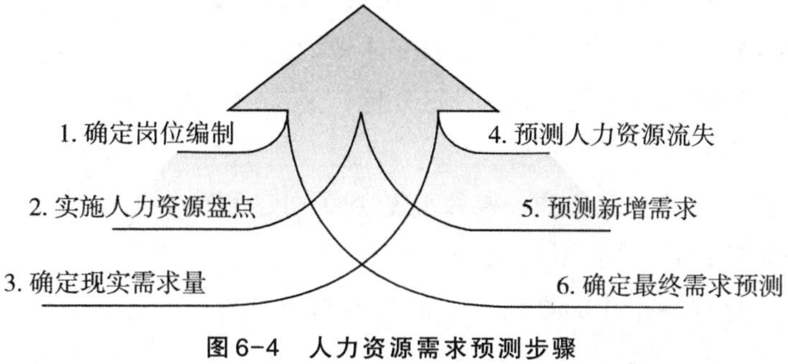


**图6-4　人力资源需求预测步骤**

1. 确定岗位编制

根据工作分析的结果和企业组织结构设计情况，确定企业的职位设置及人员编制。

2.实施人力资源盘点

对企业现实人力资源情况进行盘点，统计缺编、超编及不符合岗位任职要求的人数。

3.确定现实需求量

与相关部门经理、人力资源部经理共同讨论统计数据，并修正统计结果，以确定企业现实的人力资源需求量。

4.预测人力资源流失

根据企业历史人员流失数据及人员流失变化趋势，判断未来可能的人力资源流失情况。

5.预测新增需求

根据企业整体战略规划，结合企业年度投资与发展计划，判断各部门需求增加的人力资源数量，并汇总形成未来的人力资源需求量。

6.确定最终需求预测

通过将现实人力资源需求、未来人力资源流失量、未来人力资源需求量汇总，预测得出最终的人力资源需求。

“哦，又一次让我见识了你的专业。”杨欣欣故作崇拜地对袁书彬说。

“小case，基本功而已。”袁书彬不好意思地说。

“不过看起来还是挺复杂的哈!”杨欣欣看了一眼袁书彬说。

“当然，涉及具体的计算方法时，又可以分为定性预测和定量预测两类。定性预测又包括了经验预测法、微观集成法、描述法、工作研究法以及德尔菲法等；定量预测又包括了回归分析法、技能组合法、生产函数模型以及劳动定额法等。”袁书彬滔滔不绝地背诵着自己的专业知识。

“行了，我最怕这些了，又是回归分析，又是函数模型的。”杨欣欣打断了兴致颇高的袁书彬。

听着两位下属的交谈，周小易不觉想到了自己刚参加工作时，经常和黄主任讨论人力资源管理理论时的情景。袁书彬和当年的自己很像，只不过，现在自己不会再拘泥于这些理论化的东西了，而是不断努力找到最有效、最简单的解决问题的方案。

这时，黄主任的电话打断了两位下属的交谈。

**◎ 招聘的终极目标**

“小易，这两天忙吗?”周小易来到黄主任办公室，黄主任问。

“还行吧，刚才我们还讨论想尝试做招聘需求预测呢。”周小易直接回答道。

“哦，做招聘需求预测？”黄主任问。

“嗯，只是还停留在理论讨论层面，未涉及实施。”

“好，年轻人就是要不断尝试新事物。”黄主任仍然很是和蔼。

“好的。对了，主任找我，有什么任务啊？”周小易问。

“没什么，这不快年底了，你也该考虑考虑写一份年终总结了，”黄主任又补充了一句，“如果有其他事，这个总结可以再等等，不着急的。”

“没事没事，我尽快吧！”周小易欲言又止。

“怎么？有什么困难吗？跟我说说？”黄主任问。

“还是那个招聘需求预测的事儿。我觉得，现在我的大部分工作都很被动，如果能够提前预测招聘需求，那就可以让招聘工作从容很多，而且还可以及时补充公司所需人力。”周小易说出了自己的想法。

“嗯！你的想法确实不错，但应该拓宽视野，想想招聘的终极目的是什么。”黄主任提醒道。

“终极目的？”周小易又确认了一遍。

“不错。虽然我对HR懂得不多，但有一点儿我还是很清楚的，人力资源部门毕竟是企业的一部分啊！”黄主任有意把话说到一半就停下了。

“嗯！让我再琢磨琢磨。”周小易一边想着一边说道。

**◎ 招聘预测的三个维度**

回到人力资源部办公室，周小易不得不重新思考一下黄主任的话。

招聘的终极目的……

提供人力资源，只是一个直接目的。那么，最终的目的会是什么呢？

招聘，从属于HR，HR从属于企业整体，而企业的目的，毫无疑问，创造利润。

如此说来，HR的目标就是通过建立、培育、激励内部员工团队，确保企业利润目标的达成。

那么，可以把招聘的终极目标定义为：**为确保企业利润目标的达成，而确保数量、质量相当的员工团队。**

OK！看来与招聘关系最紧密的环节就是——企业战略、员工团队了。

尽管员工团队是一个整体，但却是极不稳定的，有人会离开，有人会进入，当然，最关键的是，如果战略发生变化，企业规模扩展，那么，员工团队就会

膨胀。

为了防止自己思路混乱，周小易特意画出一张图（如图6-5所示）。

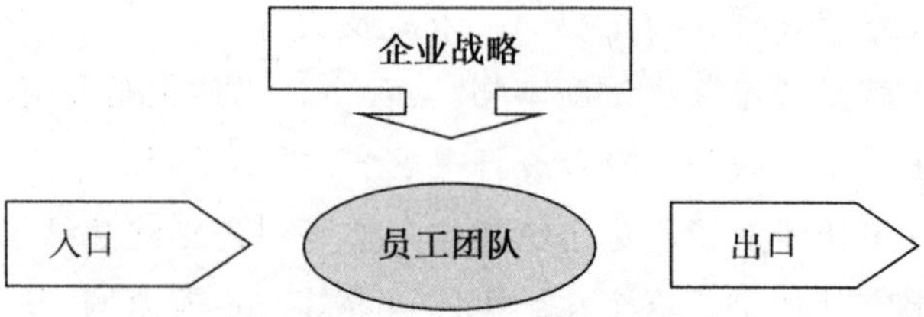


图6-5 员工团队动态系统图

嗯！这下清楚了。**想要做好招聘预测，必须做好三件事：第一，与企业战略相链接，及时跟踪企业战略布局；第二，密切关注入口，了解人才供给；第三，控制出口，及时了解员工离职动态。**

**维度一：与战略链接**

招聘人员需要关注的战略信息包括两个方面：

1.企业整体战略



当然，招聘人员重点关注的应该是与人力资源有关的企业战略调整，如企业规模的调整、组织架构的调整、业务方向以及企业定位的调整等。企业在战略方向上的每一次调整，都可能对企业内部人才结构、员工团队的规模造成影响，并进而影响招聘决策。

看来与张总等高层还要多多沟通啊！要想打好招聘提前量，就必须让自己获得尽可能多的信息，可能不光是张总，还有其他几位副总，当然也包括黄主任。

周小易一边摇头，一边继续将自己想到的东西记录下来。

2.业务战略

各部门的业务战略，也是招聘人员需要关注的重点项目。其实，在之前做招聘需求调查时，周小易就已经发现，各个部门经理和自己这个招聘主管有些相似，都属于救火队长类型的，缺乏远见，很少着眼于未来。

为了能够准确地预测未来的人才需求，除了与各个部门经理确认信息外，可能还需要多和他们沟通一下企业未来战略以及企业整体战略对业务部门的影响，进而判断各部门未来的人才需求。

可是，各个部门经理能认可自己吗？想到这些，周小易自己心里都没有底。不过，还好有黄主任可以做自己的后盾。

**维度二：人才供给预测**

人才供给预测，以前在周小易的脑袋里只是一个抽象概念，并没有多少实际用途，而现在，周小易才发现，原来它很重要。当然，人才供给预测，也远远不像教科书上所说的那么枯燥。

尽管很多招聘人员没有特别注意过这个概念，但是，每个人都没有离开过它。事实上，大家都知道毕业生找工作的季节在每年11月之后，每年春节之后，又是一个找工作、换工作的高峰，其实，这就是最简单的人才供给预测。

目前，人才供给呈现的总量过剩、结构性短缺特点，要求招聘人员必须准确把握供给形势，及早作出预判。

俗话说，大河有水小河满。市场上，人才供给充足时，那么，招聘以及薪酬谈判都会相对容易，反之，招聘就比较困难。尤其是一些特殊行业，更需要提前对整体的人才供给形势进行预估，如果供给匮乏，就必须尽可能地提早启动招聘程序，反之，则可从容应对。

比如，"生产工人"这类岗位，以后的供给形势将越来越紧张，因而，留住手中已有的工人，并抢在其他企业动手之前启动招聘，尤为重要。

**当然，如果对于某些暂时不需要、未来需要的紧缺型人才，提早进行储备，多付出点成本也是很有必要的。**

总之，所谓的人才供给预测，就是需要弄清楚一条：**在什么时间会有多少什么样的人找工作**。可是，自己为何难以准确预测人才供给呢？周小易也觉得这是现阶段自己存在的明显不足。

经验，经验的缺乏，除此之外，周小易也没有其他的解释。

**维度三：人才退出预测**

人才退出，尽管包括外调，但还是以离职为主。因而，人才退出预测，实质上也就是对可能出现的人员离职进行预测。

两年来，周小易对员工离职的预测也算有了一些心得。她觉得，大致可以从这样两方面来考虑这件事。

1.离职统计数据

通过对已经离职员工的数据进行统计分析，可以大致得出这样几项信息：员工离职的高峰期是什么时候，每月员工离职数是多少，哪个部门的员工容易离职等。

2.员工摸底调查

员工摸底调查，如果用术语来讲就是员工离职倾向调查。不过，这种调查非正式的要好于正式的。毕竟，很多员工面对正式的调查会有所保留。

通过对员工内部进行摸底调查，可以大致了解员工的心理动态，并且大致判断哪些员工存在离职的想法，哪些员工有将离职想法转化为行动的可能。当然，这项工作能够取得成绩的前提是，HR人员能够与员工打成一片。

看着自己记录的内容，周小易大致清楚了未来努力的方向以及眼下的工作。快要合上笔记本时，她又特别加上了几条需要注意的话：

**第一，沟通，沟通，还是沟通。**

**第二，三只眼看世界：模糊的未来、精确的未来、精确的现在。**

**第三，预测，并不一定要求数据准确，但是一定要对整体趋势有所熟悉、有所了解，这样，在具体的招聘活动中才能灵活掌握。**

**小易管理感悟**

做好招聘预测，必须做好三件事：第一，与企业战略相链接，及时跟踪企业战略布局；第二，密切关注入口，了解人才供给；第三，控制出口，及时了解员工离职动态。



## 004 招聘执行——富有效率的招聘

**目标、流程、细节，一起构成了执行的三大核心要素。如果你想富有效率地完成一项任务，那么都不可能离开这三个要素。**

如何才能让招聘工作更有效率？

这是最近一段时间一直困扰周小易的问题。每天下班后，她都会晚走一会儿，重新在办公室里检讨一下当天的工作，以帮助自己寻找到问题的答案。

“流程+制度”

这几个字，在周小易的笔记本上被画了不知有多少个圈。重新优化招聘流程，并用制度加以保障落实，似乎是一个解决方案，但是具体该怎么做？到底能起到多大效果？周小易的脑袋里一片茫然。

“周姐，还没走呢？”看见周小易没走，袁书彬收拾完东西过来打招呼道。

“哦，一会儿就走。”周小易含糊地答应着。

“对了，有件事差点儿忘了。”刚走到门口，袁书彬回过头来说。

“哦？”周小易笑着问。

“你还记得我师兄杨俊敏吗？”袁书彬问。

“当然，他还请我们搓了一顿呢，怎么会忘了？”周小易笑着说。

“明天晚上，他们公司请了一位管理学专家在世纪大酒店搞了一场培训，很多公司的管理人员都去，他还特意邀请咱们过去呢。”袁书彬说。

“花钱不？咱们部门可是没有经费啊！”周小易问。

“他邀请，还花什么钱啊。送咱三张票。”说着话，递给了周小易三张票。

“给我一张就可以了。那两张，不还有你和欣欣呢，明天你给她吧！”周小易接过了其中一张说。

“好的。”袁书彬答应着，把剩下的两张票收了回去。

**◎ 什么才是有效率的执行？**

自从毕业后，周小易虽然能够坚持自学与阅读，但是，这种类似于上课的培训却很少参加。更何况，这一次，台下坐的都是各个公司的高管。

两个小时的课，周小易足足记了五页的笔记。一方面是因为林教授的课讲得非常精彩，更重要的一方面是，这次课程的内容恰好是关于企业效率改善的。

培训结束后，杨俊敏主动过来招呼周小易，并告诉他们，如果有什么疑问，一会儿可以咨询一下林教授。

“喔！袁书彬，原来他就是你师兄啊！”杨俊敏走后，杨欣欣作一副花痴的表情问。

“是啊！怎么了？”袁书彬问。

“好帅啊！有女朋友没？”杨欣欣问。

“呵呵！好像有吧！我也不是很清楚，我帮你问问？”袁书彬调侃道。

“好啊！好啊！”杨欣欣假装兴奋地说道。

周小易可没空听这两个人闲聊，她一直注视着讲台的方向。此时，林教授周围，有不少人在提问。看见杨俊敏示意，周小易赶紧走到了讲台前。

“林教授，您好！我叫周小易。”走到林教授面前，周小易主动作了一个自我介绍。

“小易啊！林教授可是管理学方面的权威，有什么问题尽管请教吧！”杨俊敏提醒道。

“好的。”周小易答应了一声，又看了看林教授。

“周小易，是吧！你说说看，自己工作上遇到了什么问题，大家一起探讨一下。”林教授和蔼地说。

“没有，也不是。”周小易本来准备好的问题，到提问时，又不知从何说起了。



“不要着急，慢慢说。”林教授问。

“好的。我是一家太阳能公司的招聘主管，我想咨询一下，如何才能提升员工的工作效率呢？”周小易问。

“哦，这可是个大问题。现在你都遇到了什么困难？”林教授希望周小易能把问题具体化。

“其实，我也不确定。每件工作似乎都能完成，但却谈不上有效率。大家有时候很闲，有时候很忙。我就是想提升一下自己和下属的执行力。”周小易进一步描述道。

“哦，这是一个关于执行力的问题。那么，你觉得有什么样的表现才算是有执行力呢？”林教授没有直接回答周小易，反而把问题踢回来了。

“这个嘛！”周小易想了想说，“至少应该时间利用率较高，而且大家都应该有事可做吧！闲着肯定是一种缺乏效率的表现。”

“哦！每个人都很忙碌，就是有执行力的表现吗？”林教授问。

“也不完全是。还需要有规范的流程和制度才行。在这个基础上的忙碌，才行吧？”周小易修正了一下刚才的说法。

“哦，其实真正的执行力，与时间利用率无关，与工作饱和度无关，只与最终目标达成的效率有关。”林教授看了看周小易说道。

“林教授，您能具体讲一下吗？”周小易一边说话，一边拿出笔记本。

“我是觉得你没有抓住执行的核心要素。所谓的执行力，必须以完成目标为中心，不能对达成目标有所帮助的行为，都是毫无意义的。正因如此，我所理解的有效率的执行，必须包括以下几个要素：

第一，目标。在企业里，任何目标必须与企业整体目标相一致。也就是说，你所设定的所有目标，都应该从属于企业目标。

第二，流程。为了确保执行效率，流程必须及时检讨、优化，并及时固化。

第三，细节。通过总结、汇报等手段，不断改善工作细节，直至完美。”

“你的意思是说，简单地提升每一件工作的效率，压缩办事时间，其实，并没有意义。只有提升能够为企业创造价值和效益的行动，才是有价值的。就像我们做招聘的，只有提升核心岗位的招聘效率才是有价值的。”周小易说出了自己的理解。

“非常正确。”林教授点头称赞道。

“那是不是说，以前我所做的工作大多数都没有意义呢？”周小易担心地问，毕竟自己在招聘领域也做了很多的尝试。

“不一定。与企业目标相一致的工作就是有意义的，这是毋庸置疑的。不过，你倒可以通过这个方法检讨一下。**没有价值的工作，可能连一次积极的作用都不会有；有价值的工作，却可能一而再、再而三地发挥作用。**在后面的工作中，如果经常应用到以前工作的成果，那就说明，你以前的工作非常有价值。其实，这条标准也可以用来判断我们之前所做的事情有没有做对。”林教授说道。

“明白了。可是我对能把招聘效率提升多少还是没有把握，毕竟招聘的流程是固定的，也没有多少改进空间啊。”周小易感叹道。

“真的没有改进空间吗？”林教授问。

“林教授，我们公司的几个领导过来了，他们在酒店等您呢。”杨俊敏过来跟林教授说道。

“小易啊！我相信你，一定可以找到改进方案的，你回去可以好好读读高德拉特博士的《目标》一书，也许会对你有所启发。”说完，林教授跟着杨俊敏匆匆收拾东西离开了会场。

《目标》，真的能解决我的疑问吗？

周小易不断地在心里问自己。

### ◎ 目标，是什么

回去后，周小易上网买了本《目标》，用了几天时间将《目标》读了两遍，不断地揣摩书中思考问题、解决问题的方法。同时，她也将书中关于寻找瓶颈、提升效率的步骤特别提炼出来。

### ◎ 招聘系统制约因素

周小易也像书中所描述的一样，期望通过大家的智慧寻找解决方案。于是，她提早来到办公室，将寻找瓶颈、打破制约的步骤列在了白板上（如图6-6所示）。



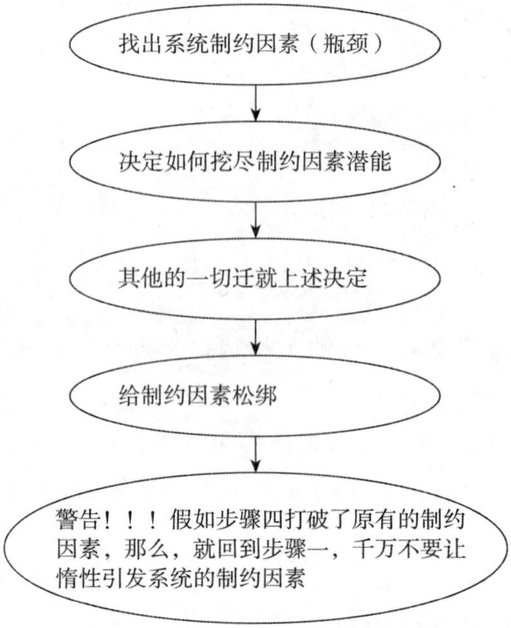


**图6-6　寻找瓶颈、打破制约的步骤**

“周姐，这是什么东东啊？”一进办公室，看见白板上的流程图，杨欣欣问。

“哦，咱们今天讨论的话题啊？”周小易回答道。

“好新鲜啊！”杨欣欣看着图表说道。

“咦！这不是《目标》里的逻辑图吗？”袁书彬一眼就看出图表的出处了。

“你好厉害呀。”杨欣欣这次是由衷佩服袁书彬。

“对，我希望这张图能为我所用。”周小易强调道。

“我们也要找出瓶颈，然后消除瓶颈吗？”袁书彬露出了兴奋的表情。

“哦，但愿我不是瓶颈。”杨欣欣摆出一副祈祷状。

“呵呵！来，咱们一起分析吧！”周小易渐渐地明白，所谓的优秀管理者就是能够充分发挥下属能力和智慧的人。

“好的，我去拿本记录。”杨欣欣迅速跑回座位，拿出了笔记本。

“我们来梳理一下招聘工作的流程，找找看，哪个环节是瓶颈。”周小易首先说。

“哦，不是找人，我就放心了。”杨欣欣假装镇定了一下。

“招聘需求提出、招聘渠道选择、招聘实施、面试与甄选、员工录用。”周小易故意缓慢而用力地念出每个环节，以便于两位下属思考。

“好像每个环节都存在问题啊！”袁书彬想了一会儿开口说。

“哦，说说看。”周小易鼓励道。

“首先，‘招聘需求提出’这个环节，很多部门经理缺乏长远考虑，今天想起来就要人，明天又可能不要了。”袁书彬说。

“嗯！不过好像自从咱们搞了招聘需求分析后，这个问题变少了。”杨欣欣提醒道。

“没错，这不是找瓶颈嘛！”袁书彬说。

“这个问题已经有所缓解，但是整个招聘效率的改善仍然不太明显，这说明真正的瓶颈还不在这里啊！”周小易说。

“其实，我觉得真正的瓶颈就一个。”杨欣欣说道。

“说说看。”周小易鼓励道。

“工资低呗！如果工资高，还能招不到人？”杨欣欣说。

“尽管咱们公司的工资不算高，但是，也并不很低吧！总不能和那些名企比工资吧！毕竟企业盈利能力有限。”袁书彬答道。

“其实。你们没有发现吗？咱们公司真正招聘困难的岗位，给出的工资还是相对优厚的。像技术岗位、生产管理岗位。”周小易提示道。

“嗯！看来简单地理解成工资低，也是不负责任的。”杨欣欣自言自语道。

“我认为有效率的招聘，实质上包括两项核心活动：第一，快速找到候选人；第二，提升甄选效率（速度、信度、效度）。”袁书彬说。

“嗯！其实，甄选虽然重要，但也要受制于‘找到候选人’的。”周小易说。

“呵呵！那样的话，这个瓶颈不就找到了吗？”袁书彬笑着说。

“完全正确。”周小易笑着说。

“什么、什么呀？就找到了？我怎么不知道啊。”杨欣欣发现自己又慢了半拍。

“其实，瓶颈已经很明显了。我来这样定义一下：及时找到合适的求职者。你们觉得呢？”周小易说。

“哦，为什么不是招聘渠道选择呢？”袁书彬问。

“因为，即使选择了正确的招聘渠道，也不一定能解决这个问题，所以，我们必须把问题描述得更加清晰一些。”周小易说。

“那么，如何才能及时找到合适的求职者呢？”杨欣欣方才反应过来。

“其实，所有招聘工作不都是围绕这个问题展开的吗？”袁书彬想了想说。在他看来，这个问题好像又回到了原点。

“不一样的。如果将‘及时找到合适的求职者’定义为瓶颈，那么，按照《目标》中的解决思路，我们就应该集中精力挖掘各类招聘渠道的潜力，并且整个招聘链条的其他环节都要为这一环节让路。”周小易解释道。



“是啊！该如何找到这些人呢？”杨欣欣又提了一遍这个问题。

“拓宽招聘渠道。可是我们已经试了。”袁书彬说。

“难道只有这一个解决方法吗？”周小易提示。

“如果能提前知道要招什么人，不就相对容易一点儿了。”杨欣欣说。

“不错，这个思路非常好，”周小易觉得杨欣欣的思路与自己有些切合，便继续说，“通过预测内部人员需求，提前做好招聘准备，确实是一个方法。”

“嘿嘿，蒙对了。”杨欣欣说。

“其实，这就相当于把招聘工作前置。还可以这样做：第一，对于稀缺或招聘困难的岗位，我们可以一直招聘，不断更新，即使暂时不用，也可以录入人才库；第二，通过不间断地招聘，还可以起到宣传企业形象的作用，这样，很多人找工作时，就会优先考虑我们企业；第三，平时维护好与各个招聘渠道的关系，而不是临时抱佛脚，这样，关键时候，它们才肯给力啊。”袁书彬一口气说出了几条。

“非常好。”看见袁书彬的思路已经完全打开，周小易及时给予了表扬。

“你都说完了，让我说什么啊？”杨欣欣有些着急地说。

“其实，你还可以这样考虑。通过不间断地发布招聘信息，可以关注这样几条信息：第一，各个招聘渠道能够提供人才的类型、数量及其变化趋势；第二，通过对以前得到数据的统计，预测未来人才供给的趋势，以便于需要人才时，能够第一时间清楚哪个渠道是最佳选择。”周小易解释道。

“如果有人投简历了，就要第一时间进行面试和甄选。这条算不算啊?”杨欣欣说。

“呵呵！这条属于解决瓶颈的下一步骤，即‘其他一切迁就上述决定’。”周小易笑着说。

“说对一项就好。”杨欣欣自我安慰了一下。

“其实，不光面试、甄选要迅速，就是后面办理入职与录用也应该提速，要不然，前面解决瓶颈问题的努力就白费了。”袁书彬又补充道。

“不错。我来总结一下吧!”说这话，周小易将讨论的解决方案画到了白板上(如图6-7所示)。

**有效增加候选人的举措**

- 招聘工作前置，在招聘需求产生前，启动招聘，尤其注意稀缺岗位
- 随时招聘，扩大企业影响
- 建立人才库，储备相应人选
- 平时多注意维护与各招聘渠道的关系
- 预测市场、渠道人才供给，掌握供给趋势、时间分布等

图6-7　有效地增加候选人的举措

“周姐，我们找到瓶颈后的工作，与之前的工作区别在哪里呢？好像工作内容也差不多啊?”杨欣欣还是不太理解。

“最显著的区别是：第一，工作的中心不一样，即一切工作以增加合适候选人为主；第二，工作程序不同，即在各部门需求提交前，招聘工作就已经启动了。”

“哦，明白了。”杨欣欣说道。

小易管理感悟

没有价值的工作，可能连一次积极的作用都不会有；有价值的工作，却可能一而再、再而三地发挥作用。在后面的工作中，如果经常应用到以前工作的成果，那就说明，你以前的工作非常有价值。



## 005 招聘评估（上）——招聘绩效仪表盘

**一件工作，如果只是尽最大的努力去完成还不够，还需要通过运用各种技巧、方法，持续地改善。**

**一个小小的改善，就可能让你的效率倍增。这远比你按照原来的方法机械地工作强得多。**

“周姐，这个‘招聘绩效仪表盘’（如图6-8所示）是个什么东东啊？”看见周小易发给自己的邮件，袁书彬一边打开一边问。

“哦，这是我花了几天时间弄的一个招聘绩效跟踪工具。你们可以先看看，一会儿我们讨论一下。”周小易说。

“一提绩效我就头大，是不是要考核我们啊？”杨欣欣问。

“呵呵！绩效，可不等同于考核啊！我做的这份绩效仪表盘，可是为了跟踪招聘工作，及时找到问题解决方案的一个工具。再说，我怎么也不能想着法考核自己啊！”周小易笑着说。

“就是说嘛！”杨欣欣松了一口气说道。

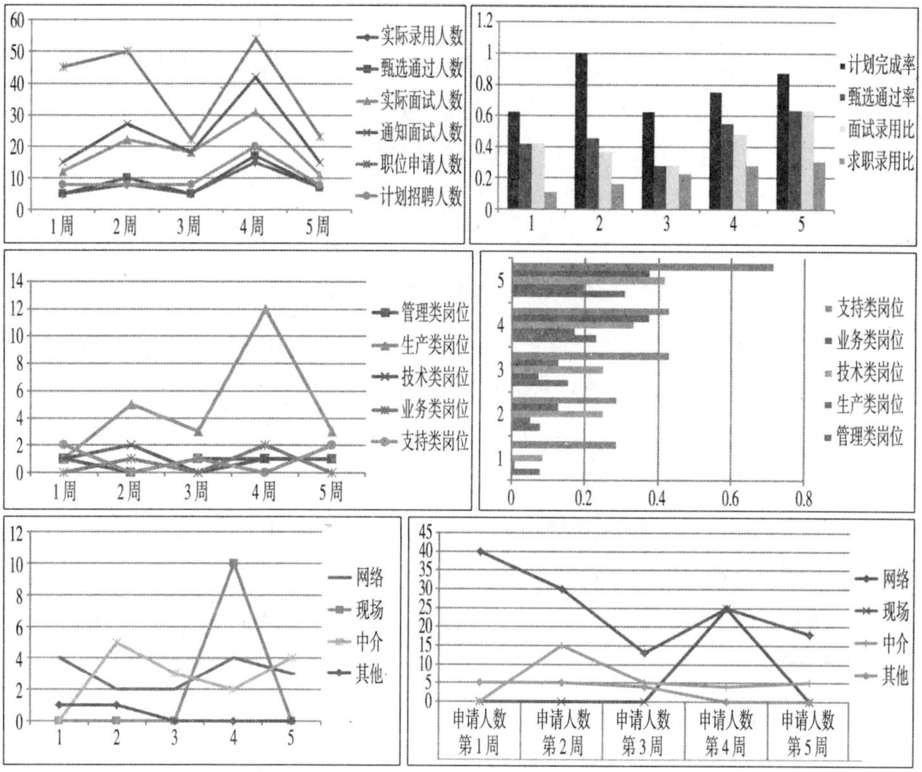


**图 6-8　招聘绩效仪表盘**

“周姐，讲讲这个仪表盘呗？”袁书彬问，“好像横轴都是‘周’啊，是不是我们要以周来评估啊？”

“没错。如果以月度为周期，有些过长，容易导致相关工作的滞后，”周小易看了看两位下属又继续解释，“第一幅图反映的是：每周整体招聘进展情况。主要指标包括：周计划招聘人数、申请人数、通知面试人数、甄选通过人数等。”

“这张图的变化趋势能说明什么问题呢？”杨欣欣还是不理解。

“你们看见这张图中的曲线发生了明显的变化了吧。”周小易指着图表说。

“当然，可是这也不能说明什么吧！就是那周求职人较多吗？”杨欣欣仍旧不以为然。

“我想起来了，那周我们去市人才市场做招聘了。”袁书彬说。

“不错。你找到了原因就可以了。总之，任何的变化都应该有其背后的原因。”周小易解释。

“可是，这也没什么用啊？”杨欣欣仍旧坚持自己的看法。

“单独观察某一周，可能没有太大的意义，如果连续观察一年，那么，你就

会发现很多问题。例如，你每次去参加招聘会都会引发这个巨大的震动，如果某次招聘没有明显的变化，你是不是应该进一步查找原因呢？是不是该分析外部环境是否发生了变化，自己是不是该调整招聘策略了等等。”周小易详细解释道。

“哦，需要考虑这么多问题啊！”杨欣欣感叹道。

“想做好每件事都不是很容易的。生活在这个时代，必须学会数据分析啊！”周小易提醒道。

“第二幅图，是不是第一幅图的细化呢？”袁书彬问。

“也可以这样理解。这四个指标可以反映出我们工作的质量，当然，也要和其他几幅图结合来看，例如，有些周的甄选通过率较高，是由于当周招聘的生产操作类工人较多造成的。总之，你要对这些变化了然于胸。”周小易说。

“明白。接下来的图表，就是具体化的分析了吧！”袁书彬问。

“对。首先是对各类人员招聘情况的分析。接下来是对各类渠道人员供给情况的分析。”周小易解释道。



“哇！从第三幅图就可以印证前面的数据了。”杨欣欣看着第三幅图中生产操作人员招聘数据说道。

“当然了。所有的数据都是互相关联的。”袁书彬说。

“看来生产操作人员的招聘要加速了。”看着生产操作人员招聘任务累计完成率不到20%，杨欣欣说。

“是啊！看见这张图表，就知道哪个部门快来找咱们要人了。”袁书彬感慨地说。

“嗯！看着这几个渠道的数据，我们就知道何种人适合采用何种渠道了。”杨欣欣终于看出来这分仪表盘的作用了。

“是啊！有了这份仪表盘，可以随时检讨工作成效了。”周小易也说道。

“周姐，假如我们发现接收的简历变少了，又该怎么办呢？”杨欣欣问。

“这就要仔细探求原因了。首先，要考虑内部原因，如内部招聘信息存在问题、企业存在负面新闻等；其次，要考虑外部原因，如毕业生供给减少、职场人士跳槽高峰期或者宏观经济形势变化等。”周小易详细解释道。

“哦，好多内容啊！看来我们要学的还有很多啊。”杨欣欣看着袁书彬说道。

“那当然了。这张仪表盘就够咱们研究一会儿了，”袁书彬附和着说，“对了，为什么这个仪表盘，不是像汽车里程表一样的啊？我看网上很多仪表盘都是那样的。”

“呵呵！如果你要能设计出来也可以啊！表现形式如何，并不重要，关键要看能否准确地说明问题。”周小易提醒道。

“明白了。”

**小易管理感悟**

绩效仪表盘的外观并不重要，其效用的发挥主要依赖于各项技术指标。为了便于监测，指标的变动应该尽可能地短（一周或一日为佳），如果指标变动周期超过一个月，就会失去随时跟踪的价值。

## 006 招聘评估（下）——招聘绩效评估报告

**大数据时代，无论你做什么工作都离不开数据分析，而绩效评估报告更是要以数据分析为基础。**

“周姐，这份报告是你打印的吧！”刚从打印室回来的杨欣欣，拿着一份《招聘绩效评估报告》问周小易。

“天啊！我居然给忙忘了，一小时前我发过去的，让他们帮我顺便装订一下。”周小易显然已经把打印报告的事忘了。

“周姐，黄主任让你提交的不是一份总结吗？干嘛兴师动众地做一份这么详细的评估报告啊！”杨欣欣对周小易的举动甚为不解。在她的意识里，所谓的总结，不过是应付上级差事的东东，没什么实际价值。

“呵呵！这份总结不是做给领导看的，而是给自己的。其实，任何一件工作都是如此。”周小易特别不满意杨欣欣对工作的态度。

“周姐，你越来越像那些站在讲台上的培训师了。”杨欣欣说道。

“周姐，能给我们讲讲这类报告怎么写吗？也让我们学习学习。”袁书彬凑过来问。

“好吧！”看着杨欣欣的态度，周小易虽有些不情愿，但毕竟自己现在是主管，应该教下属两招。

**◎ 绩效评估报告构成**

“所谓的评估报告，其实就是对你前一段时间所做的工作进行全方位评价的报告。通常情况下，评估活动可以从这样四个维度展开。”周小易一边说着，一边在白板上列出了四个维度（如图6-9所示）。

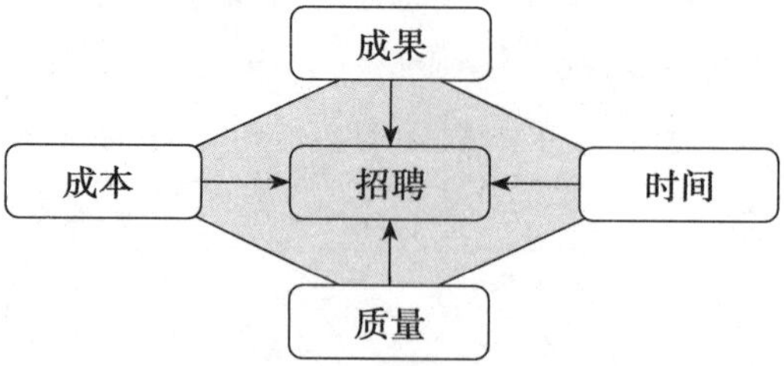


图6-9　招聘绩效评估的四个维度

1.“成果”维度

“成果，就是我们招了多少人呗？”袁书彬问。

“这只是其中的一部分，而且通过一个数字也反映不出任何问题，我们必须将这个月的招聘数据与以往数据，甚至历年招聘数据进行对比，才能发现我们的工作是进步了，还是倒退了。”周小易解释道。

“可是，招聘数据的变化，在很大程度上与我们的努力程度无关啊，像人力资源供给的变化、企业工资水平偏低等。”杨欣欣问。

“不错，所以更需要对每个数字的变化进行对比分析，直至找出变化的原因。这也是编写评估报告的最主要目的。”周小易说。

“除了招聘人数这一指标外，还有哪些指标需要分析呢？”袁书彬问。

“其实招聘计划完成率，要比实际招聘人数这一指标更重要，其次，还有面试录用比、求职申请数量等指标，也是我们招聘工作的重要参考指标。”

2.“时间”维度

“时间，指的是咱们有没有按时交人吧？”杨欣欣问。

“呵呵！不错，不过要详细一些。通常使用‘平均招聘周期’来评价。”周小易解释道。

“哦，这个指标到底是什么意思呢?”杨欣欣说。

“平均招聘周期，就是平均每招一个人所花的时间。可是，我知道招聘的终点是实际到岗日，那开始时间又该怎么算呢?”袁书彬接话问。

“从我们接到招聘需求启动招聘之日算起。”周小易答道。

3.“质量”维度

“质量，指的又是什么呢?”杨欣欣问。

“当然是要检讨我们招聘与甄选工作的质量了。”袁书彬抢先答道。

“我也知道，可是该怎么衡量呢?”杨欣欣继续追问。

“恐怕需要用‘适岗率’这一指标来衡量吧!”袁书彬答道。

“不错，我在计算这个指标时，将试用期内离职的人员全部算做‘不适岗’了。”周小易解释道。

“可是，有些也是个人原因离职的啊，并不是能力或素质不合适啊?”杨欣欣不解道。

“不错，有时确实存在这种情况。但文化是否合适、能否与所在团队融合，也是我们甄选的一个项目啊。”周小易解释道。

“从这点来看，我们的责任还是蛮大的。”杨欣欣说。

“那当然。”袁书彬答道。

4.“成本”维度

“成本，我明白，就是招聘一个人的平均成本。”杨欣欣抢先说道。

“计量人数比较容易，关键是如何计量全部的成本。”袁书彬提醒道。

“花了多少钱还不知道吗?”杨欣欣说。

“还包括我们这几个人，以及参与面试的领导的工资呢!”袁书彬说道。

“哦，那就比较复杂了。”杨欣欣说。

“看似合理的计算，却未必合理。那些领导参不参与面试，公司也会照样发给他们钱的。你们说呢?”周小易笑着说道。

“当然。是不是我们的成本也可以不考虑呢?”杨欣欣问。

“当然不能，要是不算我们做招聘的这些人的成本，那就没有我们在SN公司存在的价值了。”袁书彬提醒道。

“哦，对了。差点儿把最关键的问题忘了。”

| 方案名称 | 招聘绩效评估报告 | 受控状态 | |
|---|---|---|---|
| | | 编　号 | |

**一、招聘工作回顾**

本年度，招聘工作重点做了以下几方面改进：

1. 加大招聘渠道拓展力度。新开发了6家网站作为三大招聘门户网站的补充。

2. 完善招聘流程。本年度，对招聘与甄选流程进行了必要的优化，有效地降低了合适候选人的流失。

3. 甄选技术的推广。本年度，通过无领导小组讨论、工作样本技术等甄选工具的选用，大幅提升了甄选工作的质量。

4. 加强与其他部门的沟通。通过不断的沟通和交流，提升了招聘预测的准确度。

**二、招聘成果评估**

1. 基础数据分析

本年度招聘数据，相对于去年同期有所好转，具体数据分析如下（如图6-10所示）。

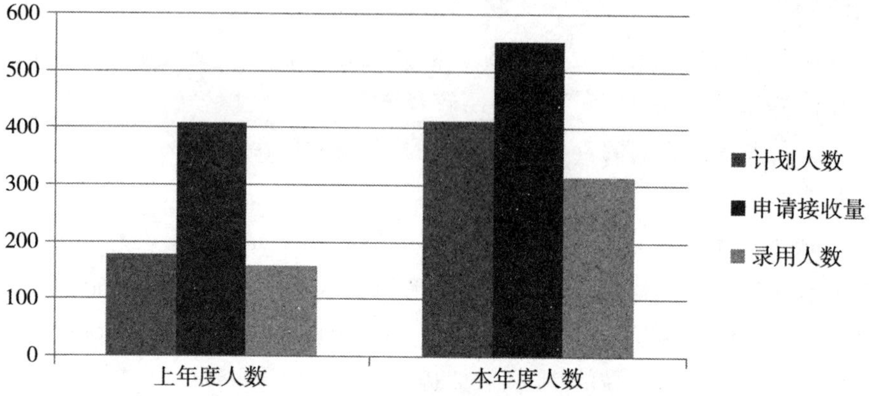


**图6-10　实际录用人数与计划人数对比**

（1）录用人数

本年度实际到岗报到人数为315人，相比于上一年度呈现大幅增加的原因：本年度补充了大量的生产操作工人。

（2）接收申请数量

本年度职位申请接收量明显高于去年，尤其在今年人力资源供给形势不乐观的情况下。这说明，本部门对招聘工作的改进还是起到一定效果的。

2. 比率数据分析

能够反映招聘成果的比率主要有两项，即招聘计划完成率和面试录用比（如图6-11所示）。

续表

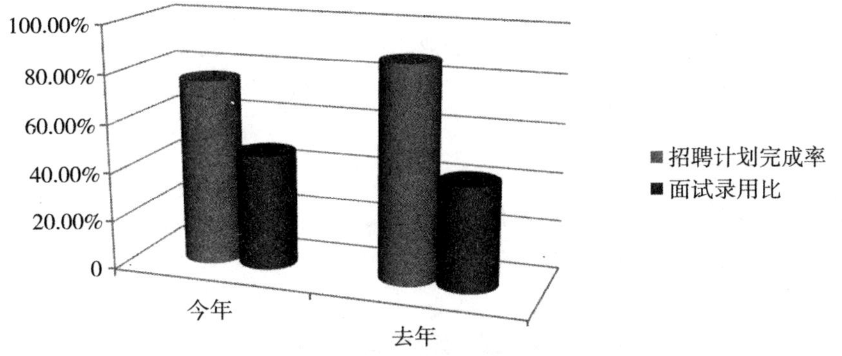


**图 6-11　招聘计划完成率与面试录用比**

（1）招聘计划完成率

本年度招聘计划完成率相比于去年有所下降，而未能及时补充生产操作工人，则是招聘计划完成率低的主要原因。

（2）面试录用比

面试录用比，是通过参与面试者的人数与最终录用人数的对比，来反映本公司甄选质量和效果的一种方式。本年度的面试录用比要高于去年，主要是由于本年度面试的生产操作工人较多，且这类人员无需特殊技能。

**三、招聘时间评估**

平均招聘周期的变化，往往可以反映出招聘形势的变化（如图 6-12 所示）。

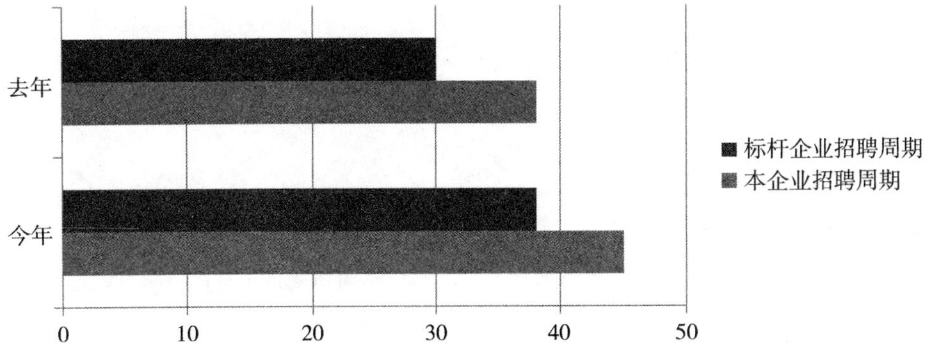


**图 6-12　招聘周期变化**

1.招聘形势进一步恶化

无论是本公司还是行业标杆企业，平均招聘周期都在变长，这说明招人越来越困难，且这种趋势有更加严峻的可能。当然，这也与宏观就业形势有关。由于外出务工农民工减少，在一定程度上，增加了生产操作人员的招聘难度。

续表

2.招聘工作改善仍有空间

通过本公司平均招聘周期与行业标杆企业的对比可以发现，我们公司的招聘周期远远长于行业标杆企业，这自然与企业知名度、美誉度有关，但如果在未来进一步加大招聘力度，相信还是会有很大的改进空间的。

**四、招聘质量评估**

适岗率，反映了新招聘员工对岗位的适应情况，也从另一方面反映出招聘工作的质量。也就是说，如果招聘与甄选质量较高，适岗率就会较高；反之，则较低（如图6-13所示）。

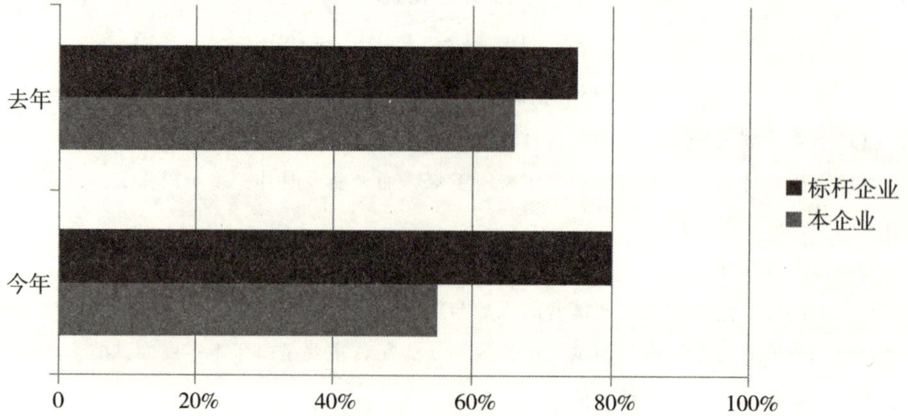


**图6-13 适岗率变化趋势**

和去年相比，适岗率有所下降，主要是因为，本年度聘用生产操作工人较多，而且这一群体又缺乏稳定性。

同时，和标杆企业对比，本公司的适岗率仍然处于较低的水平，这说明，本公司的甄选工作仍有很大的不足，未来提升空间较大。

**五、招聘成本评估**

人均招聘成本，反映了企业对招聘工作的投入情况，也可以反映出招聘费用控制情况（如图6-14所示）。

和去年相比，本公司招聘成本有所增加，这与招聘周期变长、总体招聘投入加大有关；同时，对比标杆企业的投入情况，可以发现，本公司在招聘投入方面仍然偏低。

**六、招聘综合评估**

综合以上数据分析，可以得出这样几条结论：

1. 通过对招聘系统、招聘流程的改进，招聘绩效有所提升；
2. 通过与行业标杆企业的对比可以看出，本公司在招聘方面需要改进的空间仍旧很大；
3. 招聘形势有可能进一步严峻，本公司必须未雨绸缪，提早启动招聘，提早做好招聘预测工作。

续表

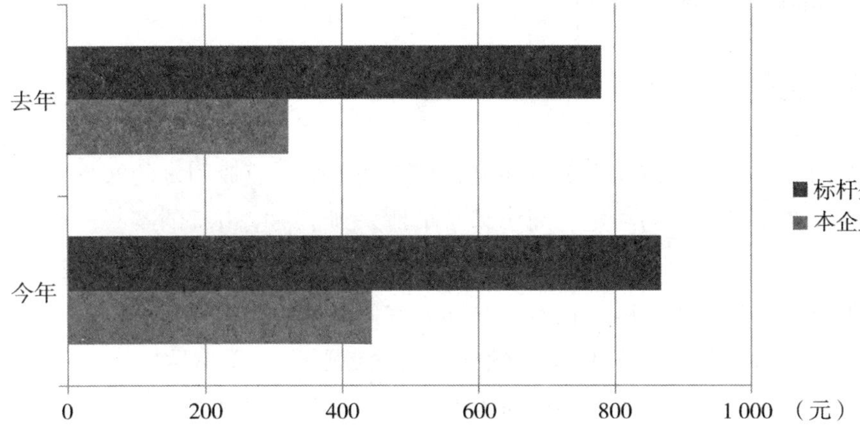


图6-14 人均招聘费用控制

| | | | | | |
|---|---|---|---|---|---|
| 相关说明 | | | | | |
| 编制人员 | | 审核人员 | | 批准人员 | |
| 编制日期 | | 审核日期 | | 批准日期 | |

“哦，原来报告上已经有详细的介绍了。”袁书彬看了一部分报告后说道。

“当然了，给领导看的，一定要尽可能地详细嘛！”周小易笑着说。

**小易**
**管理感悟**

招聘绩效评估报告，是对近期招聘效率的总体评估，也是检讨自身工作得失的一面镜子。如能善加利用，那将对招聘绩效的提升与改善大有益处。

## 007 挑战，才刚刚开始

**最好的招聘，就是永远只招最容易招的人。**

江南的冬天，虽不似北方那么寒冷，但也透露着一股股阴冷的寒气。

按照和黄主任事先的约定，周小易早早地来到了一座山腰的茶亭。她之前也曾数次到过这里，但却从没有像今天这样紧张。难道是自己的总结，没让黄主任满意，抑或还有其他的原因，让本该在办公室里讨论的问题移到了这里。虽然和黄主任合作有一段时间了，但是，领导的做法还总是让周小易摸不着头脑。也许，这就是自己还没有成为领导的原因吧！周小易自我安慰道。

“小易，还是你早啊。”黄主任和苏米杭一前一后进了茶亭，看见周小易已经在位置上了，苏米杭笑着说。

“呵呵！这就是近水楼台先得月嘛！”周小易说道。



“怎么样，两位？在这里聊聊工作，应该比办公室里轻松些吧！”黄主任依旧和蔼地说。

“黄主任，您老的葫芦里到底卖的是什么药啊？不在办公室里谈工作，非得爬到山腰谈工作啊！”苏米杭依旧直爽。

“这不年底了，也该让心情放松一下了嘛！办公室里多压抑啊！尤其对你们两个小鬼。”黄主任说。

“今天会议的主题是什么啊？”苏米杭问。

“昨天、今天、明天。”黄主任一字一顿地说。

“哦，昨天去公司上班了，今天来山上上班，明天继续回公司上班，谢谢。”苏米杭打趣地说。不过，她当然非常清楚黄主任的用意。

“小易，说说看？”黄主任问周小易道。

“我觉得这一年过得比较充实，也很累。主任，是不是我能力不足啊？”周小易想了想，还是说出了自己的心里话。

“好沉重啊！”苏米杭笑着说。

“你怎么会有这种想法呢？”黄主任问。

“感觉自己虽然已经很努力了，而且也在尽力改进，但是结果却仍然不尽如人意。”周小易说。

“你的努力，我看得见。而且我觉得你做得已经很不错了。”黄主任安慰道。

“可是，现在咱们公司个别岗位的招聘仍然没有起色。”周小易说。

“其实，任何人来做招聘主管，也不能保证随时招到自己需要的人，毕竟企业实力、工资水平还有咱们公司所处的行业、地域等因素都制约了招聘效果。”黄主任说。

“这些我也清楚，只是觉得自己有劲使不上。”周小易说。

“呵呵！正好黄主任在这，说出来看看问题出在哪里？能不能改进？”苏米杭启发道。

“米杭说得有道理，你就说说看吧！”黄主任说。

**◎ 主管的任务是什么**

“第一个疑问：主管的任务是什么？”周小易问道。

“嗯！这是一个什么问题啊？你当了快一年的主管了，居然不知道什么是主管。”苏米杭说。

“你知道，那快告诉我吧？”周小易看着苏米杭说。

“嗯！”苏米杭稍稍停顿了一下，继续说，“主管嘛，当然是带领下属，按时完成上级交付的工作喽！”

“就这些？”周小易问。

“是啊。不是吗？”苏米杭又问黄主任道。

“呵呵！米杭啊，你和小易思考的不是一个问题。”黄主任说。

“哦，不懂！小易的心思太深了。”苏米杭感叹道。

“以前，我师姐曾经告诉过我，招聘主管的工作包括三项：第一，招聘体系的规划与设计；第二，招聘业务指导与工作分配；第三，团队建设与管理。”周小易把齐依阳告诉的内容又复述了一遍。

“嗯！大体不差。”黄主任点头表示同意。

“可是，我并没有找到当主管的感觉啊！即使按照这三个任务安排工作，也如同三条平行的铁轨，无法把它们整合在一起。”周小易说。

“明白了。这是没有找准中心啊！”黄主任稍稍想了一下说，“其实，在你所说的三项招聘任务之上，还应该有更高的一层。其实，你的招聘主管头衔，已经明确无误地告诉你了，你的工作，就是对招聘职能负责，一切的工作都是为了更好地完成招聘任务。至于招聘体系规划、招聘业务指导和团队建设，都是为了更好地履行招聘职能。”

“好像很简单哦！”苏米杭笑着说。

“不，这是思考问题方式的转变。明白了。我所做的一项又一项改进，好像被某些东西牵着，原来如此。”周小易作恍然大悟状。

“难道这就是像别人说的，捅破了窗户纸。”苏米杭跟着说道。

**◎ 如何带人**

“第二个疑问：该如何带人呢？”周小易继续问道。

“呵呵！又是一个这样的问题。”苏米杭这次不敢贸然回答。

“以前都是黄主任带我们，所以自己没有什么感觉。现在自己带人了，总是感觉与其让他们做，不如自己做。一件事得反复地解释，他们才能做好。”周小易说出了自己的苦衷。

“是不是，你告诉一件事，他们就会做一件事。不告诉的就不会做啊？”黄主任问。

“对啊！我也有这种感觉。”苏米杭附和着说。



“一个新人的成长得益于三点：第一，不断地尝试、犯错以积累经验；第二，不断地学习新知识以提升能力；第三，不断地总结，以改进不足。”黄主任说。

“嗯！明白，我觉得自己也确实是这样做的，不断地给新人机会，让他们去犯错，然后再纠正。”周小易说道。

“接着呢？”黄主任问。

“还有吗？如果有，那就是我的疑惑所在了。”周小易说。

“当然，**你们教给新人的不应该是零散的知识，而应该是一条线索，**”黄主任看了看周小易和苏米杭又说，“讲解一件具体的工作时，**不要就事论事，应该推而广之。**”

“懂了。”周小易点头道。

**◎ 如何做好招聘**

“第三个疑问：如何才能做好招聘呢？”周小易继续问道。

“呵呵！这是一个好问题。”黄主任说道。

“通过梳理招聘渠道、规范甄选程序、引入甄选技术以及建立系统化的招聘体系等措施，虽然让招聘工作更加规范、有序了，但很多时候还是不能及时将需要的人招聘到位。”周小易说。

“嗯！这应该是今天的重点了吧！”黄主任笑着说。

“对。我就是想知道，能够彻底扭转招聘形势的办法。”周小易说。

“抱歉，像我刚才所说的，我也没有彻底解决之道。”黄主任说。

“不是所有岗位都难招吧！”苏米杭问道。

“当然了。大多数岗位招聘还是比较容易的，只是有些需要特殊技能、知识的岗位比较难招。”周小易说。

“要总是招最容易招的人就好了，是吧？”苏米杭作沉思状。

“如何把难招的岗位，尽量内部消化，然后再招相对容易一点儿的岗位呢？”黄主任也帮着想办法。

“如果这样解决的话，就需要做好三件事：第一，建立完善的内部培训体系，确保企业能够源源不断地培训出需要的员工；第二，建立‘AB角色制’，确保核心岗位不会因员工流失而耽误工作；第三，特殊岗位建立‘师徒制’培训制度。”周小易胸有成竹地说。

“嗯！你这是早有准备啊！”苏米杭说。

“这是要权呢！呵呵！”黄主任笑着说，“不过，我很欣赏这种解决招聘问题的思路：**最好的招聘，就是永远只招最容易招的人。**”

也许，这只是一个开始……

## 小易管理感悟

解决招聘问题，并不能全靠人力资源部门内部的努力，因为这是一个系统，最好的方案就是通过解决其他问题来解决招聘问题。其他问题亦复如是。

也许，身处职场，就是要这样解决一个又一个的问题……